孫理解！子理解!!

福岡しょうこ

文芸社

はじめに——熾火《おきび》のように

なぜか、保健室は校舎の隅っこにあります。窓の外には木々が繁り、そこからうっすらと木漏れ日が差してきています。この木漏れ日の下で今まで何人もの生徒の心身の健康を見つめてきました。なぜかここからは、学校や世の中の隅々がよく見えるのです。

林間学校で生徒たちが飯盒炊飯の後、熾火を上手に使って焼き芋をしている姿を見て、今の私は熾火のようだと思いました。幼い頃、母親からお風呂を沸かした後の熾火で、よく薩摩芋を焼いて食べさせてもらったことを想い出したのです。

方言で私たちは熾火のことを「おきり」と言い、それを別の七輪などに移してやかんでお湯を沸かすのに使ったり、一度消壺に入れて保管して、また必要なときに使ったりしていろいろと重宝していたものです。おきりはすぐ火が熾《おこ》りやすく堅炭に火がつくまで繋ぎとして下のほうに上手に使って役立てたものです。

今再び燭火のように保健室に戻ってきました。私は、夫が管理職登用時に勇退するまで二十年間、中学校に養護教諭として勤務いたしました。当時は夫が管理職に登用されたときは、妻は身を引くのが慣わしでした。今は死語になりつつありますが、内助の功という名目で二十年勤めた養護教諭の職を燃え尽きようとする寸前に辞しました。今は男女共同参画社会といって、女性の方も堂々と責任ある地位で仕事をされていて羨ましく思います。辞めて夫に大きな顔をさせなさいという、ある校長先生のアドバイスでなんのためらいもなく、なんとなくという感じで学校を去りました。今思うと少し残念で哀しくなります。わずか十五年前の平成元年のことです。

その頃はまだ女性の社会参加への理解度が低く、仕事を続けるのはこのように大変だったのです。私は、夫の昇進で身を引かなければいけないのですと声を大にして、だれかに言いたかったのですが、管理職の奥様は皆そのように慣習としてされていましたので、そのようなものだと思い直して引きました。でもそのとき、私の子どももちょうど学齢期でしたので、この子と一緒に成長しようと思いました。

今、男女共同参画社会となり働きやすくなりました。また再び、産休育休補助の養護教諭として三校目の中学校に勤務させていただいております。女性にとりましていい時代がきたと思っております。

久しぶりの学校は、以前とはまた違う感じで新鮮です。ビジネスマンから転身された校長先生が新鮮な目で学校を見つめておられますが、その気持ちと同じです。またそれに加えて私は、以前の中学校の様子と、今の中学校の様子や中央と地方の比較検討ができますし、またその間、嘱託で、児童相談所や精神科に勤務していた経験もありますので、その方向からも学校や親御さんや一般の大人の人を見ることができます。

馬齢を重ねた私ですが、加齢とともに薄れ日のもとでも何か少しずついろいろなことが見えるようになってきました。それは教育とか医学とか、福祉という大きなかたちのあるものでもなく、また現在の子どもが抱える問題という大それたものでもない、木漏れ日の薄明かりのもとで見る生徒の心の風景みたいなものです。十五年前と見え方が違うようにも思うのです。

養護教諭を燃え尽きる寸前で引き、その熾火を別のところで生かした児童相談所相談員や精神科カウンセラーの頃、そしてまた消壺から養護教諭という体験がうまい具合に来室してくる生徒と調和して、生徒の姿にひとすじの光のように反映して見えてくるようになりました。それはまた今の生徒の姿の一面だけではなく、生徒の後ろ側に見える木々の葉の重なりにも見えてくるようになったのです。

繋ぎとしての熾火の私ですが、五十代の半ばを過ぎて、ようやく養護教諭の専門性や持ち味がわかり、ささやかな誇りを持って仕事ができるようになりました。それでもなお日暮れて道遠しですが、このような気持ちになりますまでは、恥ずかしいことですが三十年ほどかかりました。

今、私の子どもも思春期、親としての私はすっかり思秋期です。子どもが大学生となり新しい目標に向かって歩き始めたとき、私も、もう一度お役に立ちたいと中学校の保健室に勤めるようになりました。初任のときのあの「情熱よ再び」

と熾火にまた火をつけようと思っているこの頃です。

この本が、離れて暮らしていても何か気になるお孫さん、家庭でのあなたのお子さんを見つめられるとき、また現在の子どもも理解のきっかけになれば幸いです。

世代を超えて心読み、分かり合えたら、執筆いたしました意味があると思います。

ご笑読ください。

なおこの本の内容は、「宮崎日日新聞」の地域発信に載せていただいていた内容に最近のことを織り交ぜて書いている部分もあり、まとまりがなく内容が重複するところもあり、また失礼な表現をしたりしていることと思います。私のささやかな経験のおすそ分けと思って心広くお許しください。

この本が読者の皆様方の励みとなり、強運・幸運が訪れますようにお祈り申し上げ、挨拶といたします。

孫理解！　子理解!!／目次

愛のシャワーは子育ての極意

私は子どもの進級とともに、幼小中高と毎年ＰＴＡ役員をしてきました。その子どもも今は大学生です。ＰＴＡ役員といっても学級役員で、担任の先生の学級や学年の運営に裏方としてサポートしていく役目でした。おかげさまで楽しく大過なく任を果たしてきました。毎年、自薦でしたり他薦でしたりしましたが、役員を続けてきてよかったと思っております。また、ＰＴＡ役員と、こども会の役員が重なることもあり、多忙な時期もありました。

今、改めて振り返ってみますと、いつまでも思い出に残りますのは、やはり自然環境や郷土に溶け込むように実施しました行事です。子どもが小学生低学年の頃、早朝、砂浜に集合してアカウミガメの産卵の話を聞いて、命の不思議を学び、産まれたばかりのアカウミガメの子どもを海に放しました。中学二年生のときは同じ浜辺で朝日に向かって立志式をして、将来の夢の実現の話を僧侶からしていただき、心の浄化を兼ねて海浜のゴミ拾いをして汗を流したりしました。

子どもみこし作りや神楽舞の練習、子ども消防団の行進の練習、夏山登山、旧道の散策、キャンプでの星空観察など、子どもたちも親たちも貴重な共有体験ができました。

それに、中学校のときはPSTA《ピースタア》活動としてPTA活動に生徒も一緒に加わり、リサイクル活動をいたしました。そのときどきの子どもたちの感動、歓声、表情は鮮明に今でも覚えています。親たちの企画が貴重な体験として、子どもの心身に浸透していき、将来生き抜く知恵となり力となって生かされると信じています。家族や地域が温かく愛情を持って将来を応援していることを身をもって教えることが大切と思います。人が逆境に陥ったとき、這い上がる力は、人に温かく導かれ、応援していただいたときの思い出なのです。


PTA役員をしていましたら校長先生はじめ、多くの先生方と接する機会が多くなり、その方のお人柄や教育愛を身近に感じ取ることができました。そしてまた「こんなすばらしいお子さんは、どのようにして育て上げられたのかしら……」と学ぶことの多いお父さんやお母さんに出会うことができました。子どもの心と体の発達と同時に、成長してこられた落ち着いた親御さんの姿がそこにはありました。

その親の姿を見ると、三つの素敵な特徴がありました。

一つ目は、いつも聞き上手であるということです。目を見ながら相づち、うなずきをしながら好感的にお子さんの感情を感じ取っていらっしゃいました。「だけど、でも……」でなく、「そう、それで……」と聴き入っていかれる姿がそこにはありました。

多少、嘘とわかっていても騙されながら最後まで聞いてやる親の姿です。警戒しないで、安心して素直に何でも気持ちを話せる、そんな親子関係がありました。傍で拝見していても気持ちのいいものでした。

二つ目は生活のなかに「プラス思考」が生きていて、肯定的な感情が満ちているということです。「失敗」をめったにできない経験と捉え成功に、「欠点」を個性へと持ってゆき、元気を取り戻させるのが実に上手。不幸も不幸中の幸いにし、転んでも、転ぶときには転ぶがよしと大らかに構えたり、立ち上がらせる前向きな姿がありました。

三つ目はまめな行動派でありました。打ち合わせのときは、まめにメモを取り、行事の際は下見をし、また、それをまとめて報告する。誠実でひたむきな努力家の親たちの姿がありました。百聞は一見にしかず、百見は一試にしかずを知っていらっしゃって家族中がその雰囲気でした。

子ども会やPTA主催のバレー大会や駅伝大会の前には、家族中で夕方暗くなるまで懸命に練習や試走される姿がありました。どんな小さな行事でも侮らず練習してから望むという努力家の姿が見られました。

以前、私が読んだ本に国際線乗務員の著書で、世界中のファーストクラスの客の人間観察をなさった作品がありました。著者はこの客を人生の成功者と表現していました。あえてその表現を使わせていただきますと、子育ての極意は人生の成功者に通じるのかもしれないと思います。なぜなら、その人間観察とあまりにも共通点が多すぎるのです。

人を立派に育て上げるということは、即戦力思考でなく、親と子が物事に謙虚に取り組み、手を抜かずに積み重ねていくことではないでしょうか。

今の日本社会は人を育てるということに自信を失いすぎているように思えます。実は日々の地味な積み重ねに手を抜き、愛のシャワーを目立つところにだけかけて、手をかけたつもりでいるだけなのではないでしょうか。何をしてあげたら一番子どものためになるということをいつも考えることが大切と思います。

子どもが高校生の頃は、毎日の弁当作りに必死でした。毎朝弁当を作っているとよいことが重なるものなのです。弁当のために毎朝ご飯を炊くので、朝食も和風になります。最近、「ビタミンB_1B_2療法」というのがあるそうです。少しずつ目を覚ますのが遅れる睡眠覚醒《かくせい》リズム障害が原因の不登校には効果的ということです。ビタミンB_1B_2は干しのり、シジミ、アサリ、丸干し、イワシ、タラコなどに多く含まれています。私が早起きできるのは加齢のためだけでなく、毎朝、ビタミンB_1B_2を食べる和風朝食のおかげと思いたいのです。

子どもが高校生のとき、進路説明会の折、ある先生が「子どもに向かって頑張れと叫ばず、お弁当に向かって頑張れと声をかけてください」と話されて、大いに受けたことがありました。愛のシャワーは、胃袋を経由すると、しっかりハートに定着し心や体に行き渡るようです。子育ての極意の基本だと思います。愛のシャワーは、胃袋経由ハート行きが確実のようです。定着先は心の安心です。

子どもが不安になる試験当日のお弁当は、うまくいきますようにと、縁起を担いだ合格弁当や勝負弁当を作ります。工夫して縁起のよい、栄養価の高いものを詰め合わせたものです。

例をあげますと、鰻巻き卵（鰻の蒲焼を芯にして焼いた玉子焼き、一心不乱に取り組めるようにと食べやすいので何かを芯にして巻く、鰻のぼりに成績が上がる、うまくいく、焼いた鰻は滑りません、鰻にはビタミンAが豊富で目の栄養です）、イカのリングカツ（丸がいっぱい・勝つ）、チキン味噌カツ（脳みそを使って、キチンと問題が解ける）、根菜の甘酢漬け（ごぼう・れんこん・こんにゃくを茹でて甘酢に漬け込む、根気よく問題が解ける）、花形人参のガルニチュール（人参を花形に抜き、バター、水、塩で水分がなくなるまで煮る・花丸人参もビタミンAで油と一緒に摂ると吸収がよい）、ふきの含め煮（見通しよく筋道立てて問題が解ける）などです。

決して、四角や三角、乱切りにしたものは、入れませんでした（失格や三角点、気持ちが乱れる）。

もちろん、入試当日まで、家庭でも縁起のよい食事にして応援したものです。見通しよく、今回きりで決着がつきますようにと、きりたんぽ鍋という具合です。

お子さんの負担にならないように、気楽にお試しください。

教科書への思いとインターネット社会

私が再び中学校の保健室に勤務して、しばらくしてからのことです。今は、どこの学校でもよくあることですが、昼休みも過ぎた五校時のはじめ、二年生男子生徒が泣き顔で保健室に来室しました。話を聞いてみると、教科書を返してくれないので、催促したら殴られたということでした。

内容は、周りへの影響力が強くて幅をきかせている生徒が、仲間の使い走りに次の授業の教科書を物色させて、授業が終わって用が済むと捨てたり他の子に回したりして、誰のものかわからなくなっている状態が長いこと続いているとのこと。もう我慢しきれなくなり勇気を出して困っていることを話しに行ったら、いちいち説明するのが面倒くさくなったようで、「うざい」と言ってグループの何人かに殴らせたとのことでした。

教科書を何よりも大切にと育てられた私にとってまさに心痛でした。それにま

た衝撃だったのが、同年代のベテランの女の先生が、

「こんなことで落ち込んでいたら身が持たない、物色させる子はまだいい、全然用意する気もなく教科書も持たず、開かず、ただ時間が過ぎるのを待っている子がたくさんいる」

「また、静かに過ぎるのを待っていてくれている子や居眠りする子はまだいい、授業妨害しないから」

ということでした。

また、ある先生は「教科にもよりますが、生徒の三分の一はもう教科書をなくしているのではないでしょうか」とのことでした。生徒に聞いてみると、ある生徒は「学校から貰《もら》う本が多すぎて、置き場所がなくてお母さんがすぐ資源ごみに出してしまう」とのことでした。

このような現象もあります。連日のように深夜のテレビゲーム、コンビニでの立ち読みや仲間との夜遊びのため遅刻して登校して、気分不快のまま昼前まで保健室で過ごし、給食のチャイム寸前に教室に帰り給食を食べて、昼休みは窓から

飛び降りたりして大暴れをして注意を受け、午後の授業が始まると、給食を食べすぎて腹痛がするとか、まずかったから気分が悪いと言って、また休養に保健室に来る生徒たちがいました。「そんなことをしていると、人間の恥だよ」と言うと、「はじって何?」と返ってきました。恥という言葉を知らない恥な生徒たちなのです。

また、今はインターネット文化の社会、親御さんはわが子がパソコンを使いこなせるようになりますと、つい目を細め賢くなった、教育機器が使いこなせるようになった、進んだ教育をしていると錯覚し自己満足感に浸りがちです。

ですから長時間パソコンに向かいインターネットやメールをしていても甘くみがちですが、要は内容と思います。基礎学力もついていないうちでのインターネットの利用は興味本位で、年齢よりかけ離れた情報を求め、読み解く能力もないまま刺激を楽しんで夜更かしの毎日を過ごしている生徒もいます。

また、技術だけの習得で始めたインターネットでの会話は、相手の顔の表情が見えないだけにマナーやルールに欠け、コミュニケーション能力不足のため安易な中傷や軽い受けねらいの内容に終始し、それに傷ついて行き違いが生じ、友人関係で新たな問題を引き起こしているのも事実です。

心の中と現実が一体化できずに作話の世界から抜け出せず、あたかもそれが自分本来の悩みであるように抱え込み、一日中ボーッと過ごしている生徒も見うけられます。以前のように徹夜でテレビゲームをしていて寝不足という感じでもなく、単なる睡眠不足とは、また違うのです。エネルギーを何かに使い果たした後のように、反応の遅い感じの生徒もいます。なかには、自分自身が教室の空気の中で身の置き場に困った様子で保健室を訪れる生徒がいます。夜更かしした罪悪感などなく詩や小説など創作していたという真面目そうな雰囲気です。

このような生徒の前兆を見つけやすい養護教諭は、その都度担任の先生や親御さんに相談しますが、学校側が思っているほど家庭では深刻に捉えていただけません。何かわからない世代間のずれといいますか、ＩＴ化教育の落とし穴や盲点がここにあるのかもしれません。以前私たちの世代がよく諭されました「負けたが、勝ち、勝ち」という引く文化はもう薄れ、このご時世の子どもたちは応酬から応酬で、攻撃的に言葉で攻めてきます。相手にしない素振りをしたり、負けたが勝ちと引いてみると、弱者と勘違いしてますます乗じ、輪をかけて攻撃的になるものです。理性とか冷静にとか相手の立場になって、という感情はネットの会話では二の次になり、先に感情の凄みを吐いた人のほうが勝ちというふうかもしれません。人の良い人はじっと我慢して、安全にその人を先に行かせてあげる車の運転とよく似ていると思います。

車の運転免許の所得が十八歳になってからとはよく言ったものです。そういう意味で、子どものインターネット文化への参加は保護者や教育者など、大人がもっと関心を持って見守り、安全運用できるように導く必要があると思います。

教科書よりパソコンの画面を見ている時間が長い生徒は、教科書はもう古くて退屈なものかもしれないのです。そうこうしているうちに、次第に学校から離れていくようになる生徒も中にはいます。このような生徒の心の隙間や闇に追いつかないでいるのが、今の大人社会かもしれません。多少遠回りしても心の教育や基礎学力を定着させてから、インターネット社会の技術を教えるものだと思います。仮免許、本試験と通過させ、インターネット社会に参加させるのです。そして、ときどき初心のころに帰れるように「誓いの言葉」を各自の言葉で明記させ、心に気づかせる教育こそ新しい時代に即した真の心の教育と思います。

幼少のときから自由に、または放任して、あるときはわがままに育て上げた子と、幼少の頃から我慢を教え、自分の言動に責任を持つようになってから自由にと育て上げられた子ども同士が、生活の場面で生々しく衝突するのがちょうど中学生期に当たると思います。親の育て方そのものでぶつかり合うのです。中学生としてのしつけどころかそれ以前のしつけや人間性、心の基本の部分の教育が必要な生徒がどんどん入学してきているのです。

またある生徒にはこのままでは、ダメになる、言葉の鞭も愛の鞭だ、優しく心を揺さぶる言葉ばかりが言葉じゃない、心に突き刺す言葉も必要だ、はっきり言わなければならない責務が養護教諭にはある、命にかかわることにもなりかねないと、思い切って「こんなことばかりしていると、人間の屑と言われるよ」と話すと「人間の屑ってどういうこと?」と返ってきました。

日本の素晴らしい精神文化、教育熱心な国民性、人間の美徳、感謝や奉仕、人や物を大事に、人や世のために尽くす犠牲の精神というような言葉が保健室の外の校庭から、遠くに見える高層ビルの上のほうへスーッと霞となって消えていくような気がしました。ああここまできているのだったら、もうダメかもしれないと思いながら、複雑な気持ちで、わかるときがくると私自身に言い聞かせ、保健室での午睡を許可したこともありました。その後も自浄作用も期待できず、同じことを繰り返したり、仲間を引き連れてきたりの毎日でしたが。

この生徒たちも教科書を持ってこない手ぶら登校生でした。かっこつけてペタンコのカバンを持って登校している生徒もいました。こういうことに直面すると、この生徒たちは教育を受けることに対する厳しさが足りないとつくづく思うのです。この生徒たちの教科書はいったいどんなものなのでしょう。そんなに軽いものでしょうか。

どうしたらこのようなことになるのでしょうか。いったいこの生徒たちの家庭ではどのような教育をされてきたのでしょう。

団塊世代の私たちが子どもの頃は、教科書は有料で次の学年の始まる春休みの指定された期間内に、近くの書店にそれぞれ求めに出かけていました。母が兄弟一人一人に新札と新しい風呂敷を渡してくれて、わくわくしながら買いに出かけたものです。

私の教育に対する原点というか思いはこのへんにあるようです。家が造船業をしていましたので、その風呂敷には何々丸進水記念と記されており、前の年に進水した船の名前を兄弟で得意げに読んだものです。私の家族のように兄弟が多い家では長兄や長姉の使ったのを下の兄弟にお下がりとして使ってよかったのですが、社会科の教科書などは数値に微妙な変化があり、授業中に気まずい思いをしないようにとの母の気遣いで私たちは毎年一人一人に買わせてもらっていました。本屋さんで丁寧に風呂敷に包み、家の床の間に兄弟それぞれチョコンと揃えて並べ、始業式のその日が来るのを待ちました。その間名前を記入したり包装紙でカバーをしたりして大切に扱ったものです。他の学年の教科書が気になり、風呂敷を開けて触った気配が見つかったときは凄まじい兄弟喧嘩に発展して、それは大変でした。

私たちの年代の人はこのようにそれぞれ教科書を大切に扱った思い出があると思います。

話は戻りますが、団塊の世代が経験したような、日本人の教育に対する心情や人情が衰えてきている現在の生徒たちにいつ、どのようなかたちで、だれが何から教育したらいいのでしょう。何が善で何が悪だということから教えるのでしょうか。

そんなに大げさでなくても、家庭では親御さんがお子さんに学校は改まったところ・勉強をするところという緊張感を持って学校へ送り出すとか、学校では学習意欲が出るような指導方法を工夫するとか、持ち場持ち場で考えることが大切だと思います。

教科書を早く紛失したり、探そうと努力しなかったり、授業を安易にエスケープしたり、妨害したり、参加していても素直に取り組まなかったりしているのは、俗にいう読み書きそろばんなどの忍耐を要する反復練習の経験のないまま、パソコンのクリック一つで解答できる快感を味わっている生徒たちがほとんどなのです。しかも、そんなに学力の低くない普通の家庭の普通の生徒たちなのです。普通の生徒が「だりい」「めんどくせぇ」と言って、取り組まないだけなのです。ごく普通の生徒がこうなることを、就学前や就学中のお子さんをお持ちの親御さんやお祖父さんお祖母さんにこの現実を伝えたいのです。ゆとり教育や生きる力の教育「本当のＩＴ化教育」未教育の副作用がここにも現れているようにも思うのです。学ぶ喜びとか創造性、考える力という人間性豊かな優しいイメージの教育現場ではなく、毎日毎日積み上げていく練習や競争や意欲のある教育のほうが、今の生徒の現実感覚にむしろフィットしているのかもしれません。授業をエスケープして先生方が大騒ぎで捜し回る生徒も、夕方はちゃんと塾通いをして家ではいい子の場合もあるのですから。こういった複雑な思いのする教育現場の現状を基礎学力低下や少年犯罪の多発化が物語っているようにも思います。

今こそ心の働きを刺激して、先生の目を見て話を聞き、読み書きそろばんといった手の働きを要する基本的な学習風景や教科書を群読する生徒の姿を学校に復活させるときと思います。余った子どものエネルギーをこちらに向けさせるときと思います。そういう声かけを生徒は待っているのかもしれません。

また、家庭で子どもの危険信号に気づき、解決の糸口を見つけられないでおられる親御さんのほうが学校の先生からの声かけをむしろ待っておられるのかもしれません。

学校の先生方は、タイミングを図り言葉一つ一つを吟味して、汗を掻き掻き練習して呼吸を整え、慎重に家庭へ連絡されます。ほとほと手を焼いている子どもさんでも「お母さんのほうで何かお困りなことはありませんか」とか、「学校での指導の仕方について考えるために、おいでくださいませんか」という具合です。それも複数の先生から特定の生徒が、教科書を持ってきていない、開かない、ノートをとらないなどの授業態度で相談があったとき、満を持して、実に気の毒なくらいに気を遣い、人権を尊重して学年主任や管理職の教頭先生と相談されて一句一句選びながら慎重に電話をかけられます。それでも、連絡がつかなかったり、連絡がついてもお出でにならなかったりして、生徒の問題行動とまでいかないことで家庭に連絡をつけることはとてつもなく大変なことなのです。

中学校入学時は、参観日などまめにお出でになっていても、次第に子どもの実力がわかりだしますとだんだんと学校から足が遠のいていかれるのも無理はありません。

生徒もそのことを敏感に感じるようで、もう期待されていないとわかると、いろいろな方面でいわゆる〈おいた〉が始まります。だんだんとエスカレートしていきますが、周囲に影響力のある生徒の親御さんほどお出でにならないもので、先生方は困っておられます。親子とも学校に否定されに行くようなもので、足が遠のくのもわかるような気もしますが……。

お出でになっても「それくらいのことで」とか「子どもは学校に行くんやからまだいい、私たち夫婦は中学校時代には、ろくに学校に行っていませんよ」「勉強しないのも個性」と言われたりしたら、もう大変です。子どもの困った状態を親御さんまでが困ったことと認識されていないか、開き直っておられるのです。でも、帰り際に保健室に立ち寄られることがありますが、悲しい目をされておられます。

こんなときほど父親の出番なのですが、伝統的に母親まかせのご家庭が多いようです。子どもが十歳を過ぎたら父親の出番を多くしてください。母親だけ、父親だけで養育されておられるご家庭では、また困難もひとしおと思います。子どもはつまずいたり転んだりして成長します。転ぶときには転ぶがよしと気持ちを大きく持って対処するのも一つの方法ですが、いつもだれかと（父親と、母親と、祖父母と、親戚の方と、近所の方と、会社の上司の方となど）相談し合っていることをそれとなくお子さんに気づかせておくことも、心のブレーキとなり大切なことなのです。孤立して一人でおどおどしながら育てていると、子どもに見透かされ、親を嘗めてかかりさらに乗じてくるものです。後でチクッタと反発されるよりよいと思います。

保健室が、職員室や校長室から物理的にも心理的にも離れて陸の孤島だと察すると、なお傍若無人に振舞う傾向にありますので、常に連絡を取り合っている姿を生徒に見せています。保健室は養護教諭一人の考えで経営しているのではない、これは学校の方針なのだということを知らせることは生徒にとって大切なことなのです。

学校から俗にいう『呼び出し』相談がありましたときはもう手がつけられなく

て、すでに遅い段階であることが多いものです。親御さんのほうから「かばんの中身がからっぽでえらい気になるんですけど」という具合に相談される方の子どもも、自分のことを気にかけてもらっているということで、親をまた気遣います。こんなことからでも感情や気持ちは同時に共有され進行するものだということがわかります。聞く耳を持たない子どもも親御さんから大切に思われていると気づくと、心を入れ替え、聞く耳を持ち出すものです。子どもは親の保護なしには生きていくことさえできない、それにもかかわらず心理的には家族全体の不可欠の一部分であり、そのかぎり親と同格なのです。そのことに早く気づくことが大事なのです。

児童相談所に勤務していましたときに、親御さんからよく聞かれた言葉が、「学校は何もしてくれない」という言葉でした。

教科書一つを取ってみても、まだ書きたらないくらい先生方は手を尽くして悩んでおられるのです。もちろん、先生方もいろいろでベテランの先生や駆け出しの先生、人間性豊かな先生と自分のことで精一杯で心の容量の少ない先生、生徒の掌握に力量のある先生とイマイチの先生、教科の指導力ある先生とそうでない先生などおられますが、悩みが深刻になる前に話し合われるのが一番と思います。我が子の悩みが、対教師の悩みにならないように早め早めに、我が子に一番責任を持ってくださる担任の先生を信頼し、相談してよい関係を結んでくださることが大切と思います。それでも、信頼関係が結べなかったり、誤解が誤解を招いたときは、担任の先生を交えて該当の学年の先生や管理職の先生と会を設けてほしいと思います。生徒に人気のない先生が必ずしも悪い先生とは限らないし、むしろ言いにくいこともはっきりと伝えられる真面目なよい先生であることが多いものです。軽い受けで人気とりに終始する先生よりずっと誠実な方なのです。個人攻撃で対象の先生が辞することでの解決は、法的なことや人権問題等よほどのことがないかぎり避けたいものです。先生としての再教育や研修で生徒理解や人間関係理解の力をつけていただくことで解決してほしいのです。私の経験では、教師になりたての先生が、おうおうにしてそういうことに巻き込まれることがありますが、先生として育て上げるということで、温かく接してほしいものです。その若い先生にも、うまくやっているだろうかと、夜も寝られずに心配されている親御さんがいらっしゃるのです。

我が子の悩みが、対教師の悩みにならないように担任の先生を信頼し、相談してよい関係を結んでくださることが大切と思います。子どもの成績を下げるのは簡単です。親御さんが子どもの前で学校の先生の悪口を言えばいい。ただそれだけです。その夜から勉強しなくなり、やがて教科書も開かなくなりますし、持たなくなります。

保健室には、教室で我慢して授業を受けてもわからない、「出て行け」と言われるが早退はしたくない、給食は食べたい、早退したことが親にばれるとやばい、また、だれか先生が早退を許可したら校外で何をするかもしれない、問題を起こす可能性が大という行き場のない生徒が多く来ます。

また、せっかく工夫された習熟度学級編成の授業でも望まない学級だったり、自分で希望して入っても授業内容が合わなくてイマイチだったりしたときは「俺はそんなにバカじゃねぇ」と言って加わっていないのです。こういう生徒に限って結構プライドは持っているものです。このような生徒たちにもこの子たちなりの気持ちがあるもので、本音を聞いてあげると、ああこの子たちはこういうふうに育てられたんだということがわかってきます。私は簡単な心理検査や学校適応検査をできるだけ身近に置き、作業療法と称し、保健室の中で自分で気づいたことを手伝ってもらっています。

もちろんこのようなときは、担任、教科の先生や管理職の先生に「何々さんこの一時間預かります」と事前に報告しておきます。養護教諭で何より大切な栄養源は、ほうれん草ですから。おわかりとは思いますが、「ほう」は報告、「れん」は連絡、「草」は相談です。それから私が基本のきとして大切にしていることは、記録をとっておくということ。それは関わった生徒にも成長の証として大切ですし、ほうれん草にも役立ちます。いろいろ問題が輻輳しているときほど『教育は記録なり、記録は実証する』と唱えています。

真心を持って向き合えば一人一人将来のことを真剣に考えてきますし、自分を大事にしなければいけないということは時間をかければ次第にわかってきます。こうなったときは顔つきも中学生らしくなり、吹っ切れたようにニコニコしてくるものです。保健室を巣立ち、担任の先生に渡せて教頭先生に報告できたときは、親でもないのに、私は嬉しい空の巣症候群にとらわれます。ホッとしたという表現より本物かなという猜疑心も働きますが、生徒たち自身が何とかしようという気持ちになってくれたことは救いです。卒業までこんなことの繰り返しですが、一度信頼関係を築いたら多少の冷たい扱いを受けたり、無理を言われても立ち直っていくものです。

このような雰囲気にもっていくまでは、あるときは保健室は溜まり場と批判されたり、甘すぎるとお叱りを受けたりもします。また早々追い出したときは「もっと夕方まで見ていてくださると助かるのですが」と電話がかかってきたりして大変な修羅場を何回も通過します。飴と鞭が人を育てるとよく言われていますが、この二つの匙加減が大変難しく、飴ばかりの日が何日も続いたり、鞭ばかりでは生徒から敬遠されてしまいます。最近来ないなと思っていると、校舎の隅やトイレで喫煙していたり、暴力事件を起こしていたりして辛酸を嘗《な》めることしばしばです。また、鞭は鞭を呼ぶようで、喧嘩で殴られた額を氷で冷やしてやりながら、私の愛の鞭が伝わっていなかったことを反省しつつも「素直で我慢をする脳のこの前頭葉部分が少し働かなくなってきているのじゃないの」と、教育と医学の入り混じった説教も空回り。しかし、今、何かをしなければと気負ったこともありました。

意思疎通を大切に日報で担任や教科の先生に報告や相談をしながら、まさに戦いの日々でした。

以前、小児精神科のデイケアスタッフの一員として怠学傾向の不登校生たちを見てきた経験があり、そのことが今の学校現場で生かされたことは幸運でした。人生には無駄な経験は一つもないとはまさにこのことでした。生徒一人一人の行き場のない悩みや不満を生徒に一番近い立場にいる人がわかってあげることから始めないと、余ったエネルギーで安易に非行、短絡的な犯罪の道へ走るのは本当にすぐなのです。

カウンセリングかるたに〈つっぱりは劣等感の裏返し〉とあります。学校での劣等感の根源は授業についていけないということなのです。授業の根源である教科書を大切に、生かす生徒に育て上げたいものです。ただそれだけなのです

人間を人間らしく世の中の道理がわかり、自分の人生を切り拓いて自立できるように育て上げても、一瞬にして将来の夢を打ち砕く事件が跡を絶ちません。児童相談所でいろいろな相談に乗っていました頃、問題から問題の悪循環を断つのは教育しかないと信じていました。毎年毎年違う男性の子を宿して相談に来る少女を見て、心底そう思いました。学校現場でまた仕事がしたくなったのもその悪循環を断つお手伝いをしたくなったからです。

将来どこかの相談施設に相談に行かなくてはならなくなる生徒や親御さんの側

に、私たち養護教諭が早めに学校現場でつき、事前に教育的な相談に乗り指導するのが大切と考え、青少年健全育成をライフワークにしたいという夢を追いかけて中学校の保健室でまた執務しています。

心に定着する教育というのは、子どもが育つ過程で、心の働きを司る魂によい影響を与えることだと思っています。生徒によい影響を与えられる養護教諭の仕事はかけがえのない素敵な仕事と思います。

昨年の初秋の頃、母が九十八歳で他界いたしました。知らせをきいたとき、何々丸進水記念と書いてある風呂敷がすぐ目に浮かびました。

青少年の心育ては、暮らしの中で
――まず生活リズムのしつけから――

「問題に圧倒されるクライエント（相談者）に、解決の鼓動を聞かせ、可能性の絵を観せる力を持たれた証として交付されます」

これは、平成十二年度カウンセラー実践家研修で交付された修了書でした。なぜか当時、その証書が私には、重く感じられましたのを記憶しております。

その頃私は、ボランティアで、ある県の青少年育成アドバイザーの初代事務局長をしていました。県内におられるアドバイザーの方々と連絡を取り合い、各地区の青少年の幸福な生活様子や充実した成長を見守り、役に立つにはどうしたらよいかを日々検討したり、県の青少年主張コンクールで審査委員をしたりするのが、主な役目でした。

青少年はいつの時代でもどこの国でも親や大人、社会から大きな期待が寄せられています。それは、青少年がどのような育ち方をしているか、どのように育つかが、その社会や国の将来を大きく左右するからです。青少年問題はある程度までは、大人に責任があると思います。「大人が変われば子どもも変わる」をスローガンに、自分に責任を持てる人間を育てるには、青少年期に私たち大人が、どのように関わればよいかという実に大きな課題に取り組んできました。

どこの国も経験したことのない少子高齢化社会の中で青少年を取り巻く社会環境が大きく変化しています。今は青少年非行の戦後第四のピークに向かっているとの指摘があります。昨年、最も人の心に残ったニュースとして、少年犯罪の凶悪化があります。全国的に、青少年による凶悪な犯罪が次々と起こり、少年の心の闇を探る討議が、随所で行われました。罪を犯した少年やその家族が被害者やその家族、凶悪事件に衝撃を受け不安に陥らされている社会で暮らす人々に、どう償い、どう更生を約束するか問われています。

少年法の改正は、青少年の問題を家族としてどう向き合い、どう取り組むかという家族の絆に着目されています。

私が県外の少女院を訪れた際、三月の卒業までと寒風の中、懸命にその施設を囲む竹垣を作っていた少女二人の姿を思い出します。薬物依存で補導された中学生でした。夜は遅くまで、母親にマフラーを編んでいると優しい目で語ってくれました。特別な教育が心から更正させる、その姿に感動しながらその施設を後にしました。少年法は「償い」と「更正」がバランスよく適用されることを切に望みます。

一方、学校では、生徒による教師への暴力事件も跡を絶ちません。事件発生のたびに分析がなされ、いろいろの方面の方から提言されていますが、学校の生徒指導の現場の責任論ばかりが多く、家庭のしつけや家庭教育の見直しといった、家庭の問題としての取りかかりが、公的私的に有効機能している感じがしません。もう少し学校側が困っていることをオープンにして信頼関係を築き、学校、家庭、地域が一体となって真剣に取り組み早期に解決する必要があると思います。

以前、学校が閉鎖的でした頃より早めに連携をとる傾向にはありますが、今また、改めて連携について考えてみるときがきていると思います。でも、ある程度教育は、毎日そこで学校生活を共に送りながら生徒を見ている教育者でないとわからない微妙な側面もありますので、その点は慎重にしなければならないと思います。その面で県で企画されている、学校を統括する教育委員会や教育事務所、教育研修センター生徒指導専門家チームの取り組みが期待されます。

私は、当時その県で一、二に荒れていると言われた中学校に八年間在職したことがあります。その経験で中学生で非行に走る子どものしつけの精神分析として大切なことは、心に思っている感情を、言語化して吐き出させる訓練や文章に書いてみる訓練が必要だということです。とにかく近くにいる大人が、折に触れ自分の感情を言葉や文章に置き換えるようにしつけること。人に当たり散らして怪我をさせたり、物に当たって壊したり、ゲーム感覚で万引きしたり、授業をエスケープしてみたり、授業を妨害して迷惑かけたり、家出して心配かけたりする前やそれを発見されたときに、言葉で言わせたり、きちんとした用紙に書かせます。それは生徒に、そのときの気持ちを自分できちんとした言葉で言ったり書いたりするように、しつけてほしいということです。

保健室に「だりぃ」と、その一言で来室する生徒がいます。また、給食前まで休養していた生徒は、チャイムが鳴るか鳴らないかの寸前で食事をしに教室にもどりますが、そのときまだ寝入っている生徒を起こしますと、「てめえが、食いてえんじゃねぇかぁー」と寝起きが悪く、汚い言葉を使って食ってかかります。私は聞き捨てならない言葉をそのまま許さずに、必ず改めさせ言い直させます。そして、いつしか真剣さが伝わるときちんとした言葉で話しかけてくるようになります。このことは、自分の感情を言葉や文章に置き換えるための訓練になっています。「勉強についていけなくてつらいんだ」「親が、僕のことも諦めている」「親がいつもいなくて寂しいんだ」「インターネットだけが、私の楽しみ」「目をつけられてすごく腹が立った」という言葉を私は一対一で聞いています。

また、保健室に何人か他の生徒が休んでいるときは、便箋を渡して、私への手紙を書かせたり、筆談したりしています。これらのことは自立へのもがきや心からの叫びとして煩わしがらずに耳を傾け、手紙を読んで返事を書きます。絵を描いて見せてくれる生徒もいます。このようなことはお互い様で私が仕事のことで落ち込んでいたり、忙しくしているときは慰めてくれたり、手伝ってくれたりします。助けたり助けられたり。任期終了時にいつまでも名残惜しんでくれるのは、この子どもたちです。怒りや悲しみの言葉を吐き出させ、感情を整理してその子なりに納得して処理させる。このような小さな積み重ねで自分のしたことに責任と自信が持て、ひいては自己有能感となり、自立への足がかりになるのです。このしつけは子どもを取り巻く親をはじめ大人社会の責任であり、今、一番欠けていることであり、一番大切なことなのです。

未熟な感情のままで体だけは大きく、大人に近づくといったバランスの悪い成長をさせないために、子どもの現実から出発した心の教育が望まれます。心の教育ではこのように子どもの現実を見つめて、出発することが大切ですが、実際には心だけが先行して、何か特別なことをするとか、特別なところへ出かけて学ばないと心は育たないように思われています。心の教育で大切なのは、基本的生活習慣の確立のためのしつけだと保健室で生徒たちを見てそう思いました。

青少年育成アドバイザーの頃、心の教育は行事やイベントを行って親子を楽しませ、感動させたらすばらしい心ができ上がるように思って活動していました。それが、なんと学校現場から離れた、表面的なことだったかと最近わかりました。

このように、心の教育は、生活の機能性の基礎の体力や心力をつけてやることが一番と思います。その基礎が備わってから、人間性豊かな人力、耐ストレス性を備えた精神力、基礎学力の上での知力等が加わってくるのだと思います。背伸びをせずに、毎日の生活習慣を改善してからの心の教育と思います。中学生の多くはまだこの段階なのです。

私は、朝から体調不良や気分不快などの理由で保健室を訪れる生徒に問診アンケートを実施しました。保健室での仕事を終えて帰るときは担任の先生にその記入された問診票を持って、報告しております。

その問診票によりますと、それらの生徒の三十九%は朝食抜きで登校し、冬場はほぼ一〇〇%近くの生徒が、起きて何も食べずに登校しています。中学生の脳は食べ盛りで、朝起きたとき脳はエネルギー切れの状態なのです。また、私たちの体温は体の活動のリズムに合わせて変化します。一日のうちでは、午前二~四時頃最も低く、朝起きる頃、体や脳の一日の活動に向けて体温は徐々に上がりはじめます。朝食を食べると体温の上がりがスムーズになり、体が活動しやすい状態になります。このように朝食は一日の活動のエネルギーの基になると同時に、体温を上げて、脳と体と心を芯から働かせる役目をするのです。まさに（衣）食足りて礼節を知るの感です。でも、最近一概に朝食指導もできなくなりつつあります。外国の成功者の朝食抜きの習慣をそっくり取り入れておられる家庭もあるからです。

また、これらの生徒の就寝時刻は遅く、十二時前に寝た生徒はわずか二三%。なかには少ない睡眠時間で頑張る生徒もいますが、睡眠時間は自然に自分で調節しますので、朝遅くまで寝て遅刻したり、居眠りや午睡したりの状態です。

なぜ今、心の教育が、毎日の生活リズムの確立のために必要かということは、保健室に来室する生徒を見てそう思ったのです。心育ては毎日の生活習慣のなかにあると思ったのです。

それは、心の教育が叫ばれていた頃に、保健室に久しぶりに帰って生徒たちを眺めてみたときに感じました。大変極端な話になりますが、お腹が空いたので目が覚めたという遅刻や、給食があるから来たという食欲や、昼寝したいという睡眠欲、気に入らない生徒がいると喧嘩、何か面白いことはないかという徘徊、何か異変を感じると集まる、どこかに可愛い子はいないかなあという接触欲、性欲……本能だけで学校に来ている生徒たちを見て、ああこれでは日本は沈没するかもしれないと思ったからです。心の教育と現実があまりにも遠く感じられました。生徒本人たちは後先のことを考えなくて楽しいばかりですが、親御さんや先生方の心痛やご苦労はいかばかりかと思いました。

例えば、夜遊びやテレビ・オンラインゲームをして夜更かしすると、睡眠不足になり、朝食を食べずにやる気なく登校すると、ボーッとして授業に集中して力が出せず居眠りをする。注意されるとイライラして反抗、近くの生徒に切れて八つ当たりし、おとなしい転入生をいじめる。お腹が空いてフラフラしたので仲間で飴を食べ、給食の「いただきます」を待たずに勝手に摂る。昼休みに暴れすぎてガラス割り、食べすぎて気分不快で保健室で午睡。来室してきた女子生徒にちょっかいを出し、許可を取らずに勝手に早退。街を徘徊し万引きして補導される。親に怒られ不安定になり、家出。コンビニで立ち読み、友だちの家で外泊し、遅刻して登校するが意欲不足。また授業中居眠りという生活サイクルを断ち切るためにも生活リズム確立の教育が大切なのです。これを実践するところが家庭であり、家庭で見守るのは親御さんなのです。

以前大変荒れていた学校に勤務していた頃、体育館の全校集会で生徒指導の先生がただ一言言われました。

「夜は寝れ、朝は起きろ」

青少年の心育てはこれに尽きると思います。

警察庁の調査で、補導歴のない生徒が、突然重大事件を起こす「いきなり型」

の原因として、いじめが指摘されました。私も予想はしていましたが、いじめにより人格を傷つけられ、自信や夢を失い、対人不信となり犯罪へと向かった生徒の心境を思うと心が痛みます。心も、涙を流し血も流すのです。早く手当てをしていればと残念です。青少年の心が揺れる瞬間を一番子どもに近い親や教師が気づく必要があります。サインは一日の中の、どこかで出していると思います。

ここでもう一度確認いたしますと、いじめとは対等の関係ではなく弱い立場の人に対して肉体的、心理的苦痛を伴う攻撃を繰り返し繰り返し行うことです。いじめる子どもに問題があるのであって、いじめられる子どもには問題はありません。いじめは絶対に許されないものです。いじめと仲間遊びを見間違えてはいけません。やられる子どもが固定していたらいじめなのです。

今は昔のように放っておいて、子どもが育つ時代ではありません。親との接し方で、日々生活の基本のリズムの規則性を体得し、人に対する優しさや思いやりを覚えていきます。子どもを時間の許す限り、できるだけ身近に置いて家事の手伝いをさせ、できたことをほめ、自信を持たせ親子の絆を深めることです。身近で安心を得ると、自然に自立し親元から巣立つものです。親は子どもにとって初めての人間関係なのです。このことが、社会で仕事をしていくための重要な訓練にもなります。この訓練を子どもにしてあげられるのが、父性であると思います。守る性、包む性の母性から、心を鬼にして頑として立ちはだかり、社会のルールや秩序を教える父性を発揮するときが来ていると思います。今こそ、父親の出番なのです。

また父性、母性の連携も大切です。何よりも人生を語り合う下地作りにも繋がります。このようにして、明るい家庭の築き方を学ぶのです。青少年期の心は暮らしのなかで育ちます。

青年期ひきこもり

児童相談所の電話相談は、平日は午後八時半まででした。夕暮れには悲痛な相談がよくありました。

高校二年生の息子さんの不登校相談をしてくる母親の声が、いつもより暗く感じられました。聞き入っていくうちに、中学二年生から不登校が始まり、その後十年近くひきこもりの長兄がいることがわかりました。母親は看護士をされていました。仕事から帰宅されると、ストレスの溜まった兄弟が凄まじい取っ組み合いの喧嘩をしていたとのことでした。地獄を見ているようだったという内容でした。

このような、ひきこもりの相談では、母親からはどういう出来事があってひきこもったか、本人から何を体験し、どうしたか、どう感じたかを聞きました。それから家族が「これまで本人に対してやってきたこと」と「それについての本人の反応」も聞いてみました。

次に家族援助の方針として、母親には本人とのかかわりで大切なことは焦らず「これからどうする」の声がけなど、性急な外出刺激は避けてもらいました。それよりも「おまえは人間関係で苦労するからね」と、心のクセを理解してやることが大切なことを伝えました。子どもはいろいろな理由で不登校になりますが、人間関係の心のクセを、親御さんが早めに担任の先生に知らせておくのも大切なことです。

ある青年は、自己表現が苦手で特に作文が書けないということでした。そのことを指摘されることを極端に恐れ、指摘した人を極端に忌み嫌い、その人を許せないと憎む心のクセがありました。小学五年生のとき感想文が出せなくて先生から注意されたことに対し腹を立て、そのまま不登校で卒業、中学校一年生で夏休みの読書感想文が出せなくて、国語の先生に注意されて不登校、心気一転して入学した高校でも同じようなことがあって、そのまま二十歳過ぎまでひきこもっていたのでした。

子どもの環境が変わるたび申し送りを公的に私的にしておくことは、子どもの心を同じようなことで何回も傷つけて学校に行きづらい気持ちにさせないためです。みな解決の力を持っていることを信じることが大切です。

長期のひきこもり相談には、短期療法（ブリーフセラピー）のカウンセリング手法の、早い段階で解決後をイメージするミラクルクエスチョン（奇跡の質問）をすると効果的でした。楽観的になり、どうなりたいかを聞くことができ、道を開けることができました。「解決」は十人十色、その人なりのゴールを見つけるものです。

ある青年は「本屋さんに行って、求人案内でバイト先を見つけてみる。そしてそのお金で、母親の好きなＣＤをプレゼントする」と語ってくれました。何から始めるかは自分で決め、やりやすいことから始めるとかを認めてねぎらいました。後日、このことを母親に告げると、闇に光が差したと涙声が返ってきました。このように家族や本人と問題解決のために協力していく関係がきちんとできているから「そろそろ外へ出てみようか」と、少しずつ生活範囲が広がるように促していきました。

ひきこもりで特徴的なのは、男子が多いということです。「自立」という重圧が影響しているのでしょうか。そんななか、相談を受けて三年後の春、高校の卒業式の早朝、赤飯を炊きながら書いたという桜の花の便箋の手紙が届きました。高校を三校転校して、ようやく卒業式を迎えられたとの喜びの便りでした。「まさかこのよき日がこようとは思ってもいませんでした。本人が一番苦しかったことでしょう。息子のような青年が多くいる現実にもびっくりしました。一人でも多くの子どもさんと、ご家族を救ってあげてください」

青年に新生する機会を与えることの大切さを、痛感しました相談例でした。

中学校の保健室には、学校にときどき登校できても、教室にはなかなか足が向かない、このままではいつか不登校になりかねないと思われる生徒が保健室登校してきます。担任の先生や学年の先生、管理職の先生に許可をいただき、週に一日お見えになるスクールカウンセラーの先生と相談しながら保健室登校生を預かっています。以前、精神科デイケアのスタッフとして不登校生や学習障害、摂食障害、自閉症、統合失調症、うつ病などの患者さんのお世話をした経験がありますので、記憶を手がかりに生徒を見ています。一日でも早く学級復帰ができるように、そのときそのときの時間割どおりわかりやすく準備された教材をいただき、進めています。保健室登校生に対して私が心得ていることは、

①心が自然に浄化していくのを待つ。内容に触れずに静かに過ごさせる。ある程度教室からの距離を取っておくと、ただこれだけで自浄作用が起こり、自分から復帰できることもある。

②心の新陳代謝を促す。古い殻の確執は脱ぎ捨てるように新しい考え方を見つけ出せるように、人の許し方のスキルを練習してみる。うらみ、つらみを早く忘れ、気持ちを軽くする方法を見つけてすっきりしたときの気持ちを経験する。

③心に抵抗力をつけさせる。ストレスに強い生徒に、言われたら言い返さず、まず考えることを身につけさせる。朝の寒さ暑さ、眠さ、我慢の心を知る。

④心に自然治癒力をつける。何げない日常の生活を大切にして、家族の和が心を癒すことを教える。

⑤心を調節する。がんばりにごほうび。怠けを叱られる。心にメリハリをつける。世の中はいつもいいことばかりでない、落ち込むときもあるものと元気の出し方を教える。

このように日常生活でそれとなく親とふれあいながら身につくことを補うように接しています。

このことは、何となく教室に行けない、特定の教科の授業を受けられない、特定の曜日に休む、月曜病があるという生徒には大切なことなのです。

仏教に和顔施《わげんせ》という言葉があります。にこやかな顔を与えてあげると、人はそれだけで嬉しくなるということだそうです。何かしてあげなくても、寛容の心でそこにいるだけで、ほっとして幸せな気持ちになれる。今の子どもたちは母親とそのような空間や時間を共有した経験があまりないのではないでしょうか。そんな、空間や時間があっても、そのような気が流れていないのかもしれません。

保健室はその取り戻し現象の場所かもしれません。

ストレス解消そして解決の上手な人に

今から十数年前、映画『敦煌』の撮影直後に中国の敦煌を旅行いたしました。西安郊外の兵馬俑《よう》は、発掘の真っ最中でした。広大な砂漠に映画のセットの城がドーンと置き土産にしてあり、そのときの日本の豊かさをしみじみ思いました。

遠く砂漠のかなたに、一台の車が砂煙を立てて走っていました。しばらくして近づいて来たので見ると、そのトラックの横には日本の宅配便のマークがしっかりついていまして、日本の企業の凄さを感じました。この豊かさと凄さが現在の日本のストレス社会を生み出していることとは、そのときはあまり気づきませんでした。

敦煌は、砂漠のオアシスの中にありますので、ここではストレスとは無縁でしょうとひそかに思っていましたら、宿舎のホテルで二人の女性がストレスいっぱいの顔で何やら記入用紙を持って私たちに記入をと、お願いにきました。どうやらそれは彼女たちの勤務評価票のようでした。昨日は深夜遅くまでカラオケで私たち一行を楽しませてくれたり、腰に巻きつけた命綱一つで危険を顧みず、ホテルの窓から身を乗り出して窓ふきをしていた彼女たちに、感謝と敬意の気持ちを込めて最高の評価を記入してお返しいたしました。

時が過ぎ、あの豊かだった日本はまさに今ストレス社会の真っ只中です。私たちは日頃何げなく「ストレスいっぱいで……」という言葉をよく口にします。生徒たちもまた不満いっぱいの顔で、「ストレスでもう、限界！」と言って保健室に駆け込んで来ます。ストレスとは、学校生活や家庭生活、社会生活のなかで、変化が起こると、心は刺激を受け、その変化に対応しようと「心のエネルギー」が全開するときに感じるものです。

生徒のなかには学校生活や家庭生活のストレスをいっぱい抱え込んでパニック状態になっている子もいます。定期考査や受験勉強、友だち関係、入学や卒業、運動会や修学旅行などの学校行事、学期ごとの席替え、また両親の夫婦喧嘩、家の経済状態、引っ越しや家の増改築などのときです。嬉しいこと、悲しいこと、忙しいこと、余裕のないこと、心配事、悩み事などで心が大きく動いたときや「最近授業中あまり指名されなくなった、どうしてかなあ」というような小さな出来事、「少し体重が増えてきたから甘いものは我慢しよう」というような心配事でもストレスを感じているようです。

　最近はストレス解消ブームとばかりに趣味、娯楽、スポーツ、何々セラピー、癒しマッサージなど大変盛んです。ストレス解消には体の聴覚、視覚、味覚、触覚、嗅覚などの五感　を上手に使ってリラックスしましょう。週休二日制になり、生徒たちも友だち同士で休日にはカラオケや映画に出かけたりして楽しんでいるようです。

　ストレスと上手に付き合うことが、心と体が中途半端に疲れている現代人の生きる知恵なのかもしれません。また、ストレスや悩みがあるからこそ、人は成長しているのかもしれません。

　心と体を鍛錬し強靭にして、将来のストレスに耐えられる準備をすることも大切です。いろいろな中学生を見てきたり、相談にのってきましたが、ここぞというときのストレスに強い子が最後は勝ち残るようです。「よく学びよく遊べ」とはよく言ったものです。

ストレスから逃れて気分転換や解消することばかり考えないで、大きなストレス問題の解決に見通しが持てるように考えてみることは非常に大切です。このことを忘れていて取り返しのつかなくなるようなことになって道を間違える生徒もいっぱいいます。何が大切かを忘れずに、現実や足元をよく見る習慣を親も子も持ちたいものです。どこで、だれにどう相談しても、聞いていただき、助言や援助支援はしていただけますが、最終的に解決するのは自分自身であり、親は責任を取らなくてはならないのです。このことを念頭において行動すると安心です。

安心するという状態は、リラックスすることで、忘れて問題を置き去りにすることではありません。このことを誤解している生徒や親御さんが非常に多いのです。失敗する原因はここにあるのです。

人の脳にはアルファ波というのがあって、やる気があり、何かに没頭したり、心が落ち着いているときに発生します。本来の才能や実力が最大限に発揮できるようになり、思考・集中度などに最高の力を与えてくれるのです。子どものよいところに目を向け現実に根差してほめて、子ども自身に自分の長所を気づかせ、やる気を起こさせたいものです。

子どもの不登校や非行で、子育てや教育に自信を失いかけておられる親御さんに、ずっと期待を持って相談し続けておられることを称賛しましたら、いつしか生活にカウンセリングの考え方を生かせるようになられ、生活のなかの大切な人である子どもや子どもの担任の先生にもそれが使えるようになり、人を肯定的に見られ、周りの人にもほめることを援助できるようになったのです。

子どものよいところに目を向ける習慣、プラス思考の前向きの言葉がけができるようになったときが、親子のストレス解消のときで、解決へ一歩踏み出したときかもしれません。才能や実力を発揮させるアルファ波を起こさせる、ほめ上手な人になりたいものです。

ほめることを、解決志向アプローチ（短期療法）のカウンセリングでは、「コンプリメント」と言って大変に重要視しています。自分自身を見つめ、振り返り、気づき、何よりも大切な、やる気が自然に出てくるからです。

私は、講話の折にはよくほめ方の練習をしていただきますが、相手にほめられて一番嬉しいのは、自分が努力していることに焦点をあててほめられるときです。子どもさんにもテストの結果ばかりじゃなく、テストに向かって努力していたことをほめてあげると、次の勉強にまたやる気が出てくるものです。ストレス解決の原動力になれるのは子どもさんの一番近くで見守っている方かもしれません。期待いたします。

色の持つ心理効果を利用して

私たちが服装や持ち物で何げなく使う色は、気持ちの反映でもあります。大変不思議なもので、その色は心の状態を正直に反映しているものなのです。

かつて、いろいろなところで、カウンセリング面接をしていましたが、相談におみえになる方のお召しになっている服装の色がいつもの感じと違って変化していると、ハっとするときがありました。このことはカウンセリングによるその方の進歩と努力の功績に気づく瞬間でもあり、また、その反対でもありました。

急に明るい色の服装で来られると、心機一転吹っ切れて元気が出てきたのかしら、色の組み合わせが素敵でしたら、心に余裕が生まれたのかしらと、寒色系でまとめられていたら落ち着かれたのかしらという感じです。

色の好みは人によって実にさまざまですが、ピンクのような中間色の柔らかな色を好む人、原色や赤と黒のような強烈な色の対比を好む人、個性があって人それぞれです。また、色によってその人の性格がわかるとも言われています。
私は、小学生の頃、担任の先生から色合いの加減をほめられてから、何となく絵に興味を持っていて、若い頃は油絵を習っていました。その折、絵画展で新人賞をいただいたとき、同じような意味の評価を聞きました。そのような経験からでしょうか、色彩に関して多少我流ですが、色と人となりを見るようになりました。

赤は外交的で楽天家。自分の感情をストレートに表す人。考えるより行動する積極的タイプ。スポーツを愛し、情熱と攻撃性を表す。気持ちが奮い立つ自信ある色。

黄は行動力と冒険心があり、現状に満足しないリーダー派。一度決心したことは、少し無理があっても最後まで貫くファイトの持ち主である開拓者。

青は前向きな空想家で理想家。理想高く考える傾向があり、物や金よりまず心の満足感を第一に求めていく誠実なタイプ。知性や冷静さを表す。

緑は現実型。愛情もこまやかで社交性も抜群。上下関係、義理人情を大切にし、保守的な考えの持ち主でもある。心が落ち着き、安らぎや安定を望む色。

紫は芸術家や個性的なものを求める人が多い。平凡なことを嫌い、いつも周りから注目されていたいという先駆者的欲求が強い。

ピンク色を好む人は愛情細やかでソフトな人。同情心や、思いやりがあり、困った人を見るとすぐ手を差し伸べたくなるタイプ。寂しがり屋で甘え上手なロマンチスト。

茶は目立たないがどっしりと計画的な堅実タイプ。他人の意見に左右されない対応をする。義理堅い。

黒は自分の個性をカモフラージュする神秘的な自己防衛色で、心理的意味が大きい。

グレーは調和を常に考え、自分を押し出さず用心深く慎重でどっちつかずタイプ。平和、安全を求めて自分のエネルギーにブレーキをかける人。

白は孤独で、人間関係に無関心なタイプ。

オレンジは自然体で臨む楽観的タイプ。
水色は穏和なタイプ。

色の持つ心理効果を意識して、もっと積極的に日常生活に生かし、気分をコントロールすることも大切と思います。部屋のカーテンを柔らかなグリーンにして安らぎを求めたり、デートやお見合いにはピンクの服を選んだり。落ち込み気味の日は明るい黄色や真っ赤な服を着てみたり、子どもの参観日や三者面談で学校に出かけるときや就職の面接試験には青か茶のスーツでという具合に。

ところで、私もですが、カウンセラーの方や心理職の方はよく黒を好んで着ておられます。「黒子の美学」に徹する心の表れかもしれません。私が上京してまず感じたのは、都会の人は黒を着ている人が多いなということです。知的にセンスよく現代的なビルをバックにとても素敵な人が多いと思いました。都会ではどうしても洋服が黒ずんできますので、順応した色選びの知恵かもしれませんが。本当に私も地下鉄から地下鉄の地上にあまり出ない、もぐらみたいな生活をしていますと、大好きなピンクや水色を着るには、目立ちそうやら、すぐ煤っぽくなりそうでもったいないやらで、まだ着たことがありません。

一方、学校生活では、養護教諭は白衣を着て執務をされる方が多いようです。気のせいかもしれませんが、私が白衣を着て執務をすると生徒たちが安心して怪我するようで、多い日は大怪我が三件も発生したことがありました。今は縁起を担いで、健康診断のような行事のときや水質検査のような特殊な薬品を扱うとき以外は、生徒の制服に合わせて紺色のスーツを着るようにしています。

最近の保健室は昔の赤チン・ヨーチン先生のイメージではなく、心のうちを打ち明けられる信頼できる先生というイメージが強いようです。私自身もできるかぎり、そんな期待にこたえるように努力しています。若い頃は、洋服デザイナーの義姉に養護教諭のイメージでピンクのジャンパースカートを作ってもらったことがありますが、それも加齢の体型の変化で着られなくなりました。

児童相談所時代の制服は青色のスーツで、精神科勤務のときは水色の白衣（？）でした。

生徒は紺の制服に冬場は紺か黒か茶のコートを羽織って登校しているようです。色使いの個性を見るのは、林間学校や修学旅行の際の私服のときです。凄い発見をよくします。優しくておしとやかな印象だった生徒がバンバン原色の派手派手のTシャツだったり、また活動的に見えていた生徒が案外落ち着いた感じのシャツを着ていたりします。でも最近は学校や学年の指導方針で地味な色で模様もワンポイントまでと規制される傾向にあるようです。前日指導でチェックされる場合もあります。個性を見るチャンスは失いますが、このほうが統制がとれて、中学生らしくなり指導もしやすく、先生方の頭痛の種も軽減します。

最近の学校の先生方の頭痛の種で指導で困っておられるのが、頭髪を染めたりアクセサリーを身につけて登校してくる生徒たちのことです。いわゆる茶髪とピアスの問題です。外見だけでも、普通の中学生のようになるように指導されますが、なかなか応じてくれません。本人たちは平気で得意げですが、どうも、茶髪の茶色は、〝他人の意見に左右されない〟ということだけ生徒に反映して残り、反省しない茶髪生は、先生方の心理状態にはよくありません。

茶髪の生徒が学級に何人かいますと、担任の先生は気になって仕方がありません。他の学級の生徒の髪が、次々と黒くなってくると、焦りがくるようです。

保健室に来室の際、注意するように言われますが、親御さんや担任の先生の言われることを聞かないのに、養護教諭一人の注意を聞くはずがありません。茶髪の生徒が保健室に来室した場合は、髪色を中学生らしく黒く直すように注意したり、ピアスを外すように促します。女子生徒でしたらスカートを少し長くするように指導したり、男子生徒でしたら、シャツをズボンの中に入れるように促したりいろいろ指導しています。しかし、毎日がその繰り返しで、当の生徒たちは、私から声かけてもらう唯一のコミュニケーションスキル場面のように捉えているみたいです。注意するのを控えようと思ったり、それでも声かけようと思ったり心わずらう毎日です。

当たり前のように遅刻して登校してくる生徒は、必ずと言っていいほど保健室を経由して教室に入りますので、このようなことが連日続くと、いくら腰を据えてかかっている私でも多少まいってしまいます。

また、保健室は因果なところで、真面目に学校生活を送っている生徒たちも来ます。その生徒たちと茶髪の生徒たちが同席することもあります。係活動や気分不快のための休養、不安などの相談で訪れていますので、茶髪の遅刻組さんから私が適当にあしらわれているのを見せるのは、教育の現場でこんなことばかりでいいのかしらと恥ずかしくなったり、やるせなくなったり、無力さに落ち込む毎日です。そのときそのときで常に職員室に連絡していますし、該当学年の先生や生徒指導の先生も、まめに保健室を巡回してくださいますが、なかなか改善できません。茶髪に慣れてくる私自身がすさんでくるようで、美しいものに浸りたいという気持ちにかられます。

中学生が人と違った格好をしたいと思う欲求にかられて、取りつきやすいのが茶髪にすることかもしれません。自分は人と変わっているのだ、変わった経験をしたんだ、という自己主張のような、深い意味を持つ生徒もいますが、単に好奇心でとか暇つぶしにとか、父親が染めてくれたとかいうこともあり、まだまだ茶髪問題は現場の先生方の頭痛の種として存在するようにも思えます。

茶髪の生徒一人一人にゆっくり時間をかけて聞いてみると、茶色に染めた心の経緯を話すのに、ほかの人とは違う、血の出るような心の違和感を感じて染めてみた、というような叫びに出会うこともあります。

継父との関係、同級生の女の子から誘われたことなど、性に関することもあり、茶髪一つを取ってみても、とてつもなく裾野は広く、困難なことが待っています。時間をかけて人間関係を作り、それでも集団生活で人と変わったことをして規律を乱すことはいけないことと理解させ、自分からお小遣いをためて髪染めを買い、黒に染め直そうとしないかぎり、学校で先生方がスプレーをかけてやったり、話をして言い聞かせても、いたちごっこに終わってしまっています。

卒業写真や受験願書の証明写真の撮影の際も、あまり心に響かず、髪の茶色が鮮明すぎて撮り直し撮り直しの毎日が続いています。そのため写真屋さんは何回も学校に足を運ばれています。卒業式や入学式の前日には特別に髪や服装のことで、全体や個人指導があるほどです。

でも、驚くように校内から茶髪の生徒が一斉にスーッとなくなる日があります。学校の雰囲気が落ち着いてみんな賢く見え、同じ学校かと疑うほどです。その日はいったい何がある日でしょうか。

『学級の皆に迷惑をかけてはいけない、みんなで優勝するように力を合わせて朝早くから夕方まで、お昼休みも返上して頑張って練習しているのだから』

と学級一丸となって取り組んでいる学校行事の合唱コンクールの日なのです。それは、合唱コンクールの当日の朝。正確にはその日の出番寸前のときからです。言い直しますと、最後まで抵抗していた茶髪の生徒が、髪を黒く染め直し、遅刻して登校してきたときから下校するまでの一日です。この級友の仲間意識や団結力は大変なもので、生徒同士の力の結びつきは凄いと思います。

この力を、生徒関係が原因の不登校やいじめ問題の初期解決に生かすのは、その現象の長期化を防ぐことからも大切ではないでしょうか。

解決志向アプローチのカウンセリング手法に、クライエントの周りの利用できるものは何でも利用しようという、資源を見つけ出す方法がありますが、一番有力な資源は一番近いところにいる生徒同士なのかもしれません。早期に大人が介入したり、大人を頼って事を荒立たせるよりも、このほうが自然で有効と考えるのは、短絡的で早計でしょうか。

このあたりで、色の持つ心理効果の話に戻りますが、茶髪の茶色は計画性のある堅実なイメージ色なのですが、現在の心理状態として屈服しないという色でもあります。動かない要素があるので、先生方との攻防戦も今しばらくというところでしょうか。昨年末から髪色の流行がだんだんと黒く落ち着いてきているようで楽観しているところですが……。

最近は学校では子どもの生活全般までを面倒見る必要はないと考える教師が七割（国立教育政策研究所）とのことですが、保健室は生活習慣やしつけの総おさらいのところで、髪の茶色、爪の赤色、シャツ出しルックの白色、朝食抜きで青色顔の生徒たちにイエローカードやレッドカードを実は持たせて教室に行かせているのですが……。

邪気出し気を入れ

人は困難に出合って身動きができなくなったときや気持ちが乱れたとき、だれかに相談したいと思います。カウンセリングと硬く考えなくなっても、何かにつけて親友、先輩、先生、家族に相談しています。しかし、悩みが特殊で深刻であるほど、普通の生活のなかでの理解や支えあいには限界があります。

自分の気持ちを素直に、率直に表現してみてわかってもらい、根本からの自己変革のため教訓や体験を得たくなります。「質の高い生活」とは、そういう気持ちを理解してくれる人がいることだと思います。そんな質の高い生活をしていらっしゃいますか。

自分の言ったことが共感的に理解されるなら、人の心は「気」の活力で満たされ安定し、不思議な力がみなぎっているはずです。

カウンセリングは、学際的な学問とよく言われます。教育学、心理学、哲学、医学、社会学をベースに福祉、産業経済、法律、環境、気象、芸術、スポーツなど多領域の知識や経験のノウハウを借りなければ解決できないからです。この傾向はこのご時世柄、相談内容が複雑に絡み合っており、ますます強くなってきています。不登校の悩み一つ挙げてみても、その深みや家族を巻き込んだ多様性は実に複雑。尊敬の念を持ちながらの対応は人生経験がものを言う場合が多いようです。人を助けるためには間口を大きく、あらゆる角度から侵入してみる必要があるということでしょうか。

そういう意味で、私の雑学や多趣味も大いに役立っています。以前私は、ボランティアで東洋体操（シルバー体操）のインストラクターを長いことしていました。中学生は元気にまかせて、健康を省みませんので、満たされないものを感じていました。だから、私自身の癒しのために出かけていたようなものです。

その経験から、カウンセリングの一連の流れは、「邪気出し気を入れ」の東洋体操の流れに通じるものがあるのではと最近思うようになりました。大げさに言いますと、「呼吸法こそカウンセリングのベース」ではないでしょうかということです。

カウンセリングでは、相談者に深いため息が見られるときがよくあります。心と体に「気」を入れる準備を「ため息」というかたちで無意識に行っているのではないでしょうか。「気」は、人体生理の秩序を保つ生命力のエネルギーでありま す。放っておくとどんどん減ってしまい、自然に増えることはありません。そこで、外気を取り入れて内気に換え、体内の「生気」を増やして、体の隅々まで運行させたいものです。

また、呼吸には、はっきりと心の状態が表れます。これを心のリラクセーションのセルフコントロールの手段として積極的に利用したいものです。いらいらしたり、緊張したり、パニック状態でも呼吸を腹式呼吸で整えると、心はリラックスして平常心を取り戻すことができるはずです。息を吐くことを心がければ、緊張をほぐし心と体を温めることができます。

私は、生徒たちから受験期になると必ず緊張して試験に落ち着いて臨めないという不安いっぱいの悩みを打ち明けられます。それぞれが、上がり症とか神経性頻尿とかいう病名を知っていてそれは深刻です。生徒に、臍の下指三本のところの丹田というところを教えてあげます。ここは、「勇気と知恵」が湧くところと言われており、からだの中のエネルギーの中心となるところです。この丹田に両手をおいて意念を置いて「エイッ」と気合をかけ、『私は大丈夫』を二回唱えることで息を吐くことになり、落ち着いて試験に集中できることを伝授します。それに何か、こだわりのある品を一つ持って行くと安心することを付け加えます。大抵の子どもはお守りですが、塾の先生からいただいた鉛筆、はちまき、ホッカイロ、とひょうきんな生徒もいて緊張した心が和みます。そうすると、満面の笑みで吉報が届きます。

このように「気」の通い合うカウンセリングを個人やグループにしていると人の心は次第に気の活力で満たされ、滞っていた気が再び流れはじめ、元気を取り戻し、人として新たに成長しはじめるものです。ため息も明日への準備かもしれません。

虐待を思う

虐待という意味は広辞苑（岩波書店）に、「むごく取り扱うこと、残酷な待遇」とありました。また、他の辞書（新明解国語辞典・三省堂）には、「弱い立場にある者に対して強い立場を利用してひどい扱いをすること」とありました。本当にそのとおりと思います。

私は平成十年頃、テレビや新聞報道で虐待事件が盛んに取り上げられ始めた時期に、児童相談所の電話相談の仕事をしていました。迅速性、利便性、匿名性という電話相談の特性は、虐待という人の尊厳に関わる相談ではとりわけ利用しやすい相談手段です。困ったときにすぐ、家の電話や公衆電話、自分の携帯電話などで、どこからでも名前を名乗らずにあまり人に聞かれたくない家族のことや、知人、近所のことを話せるので、かけやすいと思います。

電話相談にはいろいろなところからいろいろな様子の幅広い虐待関連の相談が

多く寄せられて、被虐待児発見のきっかけとなることも少なくありませんでした。

虐待相談の電話の主なかけ手は、養育者である母親や父親でした。

「思いっきり殴ったり蹴ったり、投げ落としたりした」

「首を絞めて、一時泣き声を上げないときは、死ねばいいと思った」

「子どもを叩いて怪我をさせるのは日常。口を切ったり、鼻血を出すことは、たびたびあります」（身体的虐待）

「一緒に食事したくないので、一人だけ後で食べさせている」

「あの子の顔も見たくない」

「すれ違いにいつも『死ねば』と言う」

「とにかく関わりたくない」（心理的虐待）

「下の子の世話のため学校を休ませている」（放置、保護の怠慢）

養育者以外の相談では、「近所の子どもの泣き声が普通じゃない。身のすくむ思いでいる」などの通報があり、虐待の早期発見に大変有効です。

また、「義父に毎夜犯されていることを母に告げたら『我慢しなさい』と言われた」（性的虐待）と子ども本人から保護を求める相談の電話もあります。

「夫は酒やギャンブルが好きで、子育てには、協力してくれないので、いらいらして子どもに体罰を加えてしまう」

「私も箒やはたきなどの物で殴られたり、木に吊るされたり、裸で夜に家の外に出されたりして育った」

「子どもは、親にされたように友だちを殴るのでしょうか、大変乱暴と言われる」

「一週間でもいいから子育てから逃げたい」

「人付き合いが苦手で話し相手がいないので、いらいらして、すぐ子どもに手を上げたり、大声を出す」

「親もすぐ近くにいるが、甘えられない。一人で頑張っているが限界で、もう育てたくない」など。


始めのうちは、無言電話で、何回か後に、躊躇の末のやっと聞き取れるような声での電話でした。しかし、一緒に解決していく人間関係ができあがると、今まで溜まっていた悩みや苦しみストレスを一度に吐き出すように、訴えが続きます。

これらの訴えを証明するように、虐待など親子関係の悩みの電話相談は、七十五%が、母親自身からでした。父親からはわずか六%でした。祖父母からは二%、伯父伯母からは三%、子ども本人からは一〇%、幼稚園学校関係の先生からは〇・六%、近所その他からは二%でした。子どもと一番関わりのある母親からの相談が多いことから、母親一人で悩みながら子育てをしている現状が窺えます。親族や近隣との関係が疎遠で、社会的に孤立した生活であることが多いということです。

虐待相談は、子どもが、保育所や幼稚園、学校に出かけた後、母親がホッと我に帰り、振り返る時間ができたときにあります。ほとんどが午前中で、虐待という言葉も知っておられます。深刻そうな物静かな声で力なく「私は鬼母でしょうか」とこちらの考えを聞かれる感じです。

このような相談に私は、批判や説教をしないで、悩みをそのまま受け止め共感していました。私の脳裏にいつも養護教諭時代に、〝ああ、一日に何回も鬼になったり、仏様になったりする心忙しい仕事〟と思ったことがあるからです。根底に教育愛があればいつか通じるものです。

「それが子育てです。一日に何回も鬼になって叱ったり、聖母になって抱きかかえたり、忙しいですよね」

「一日中、ずっと鬼ということではないですよね」

と返事すると、涙声が返ってきます。これが子どもを虐待する親特有の心理トラウマ（心的外傷）の癒しにもなります。

そして、「どうやってこのような大変ななか、何とかやってきたのですか」と認め、何とかうまく対処したことへの質問をして、解決のための力やいろいろと周りにあなたを助けてくれる人たち（資源）がいることに関心を向けます。そのまま解決の好奇心を持ち続け、例外を見つける質問（ヒドゥン・ミラクル）、

「少しましなときを教えてください。ましだったときはいつだったたですか」

をします。

「そうですね。先週の日曜日、夫婦仲よくでき、子どももおとなしくて、いらいらしなかった」

と意外とうまくやれているときがあることを見つけ、ほめて、

「どうやって、そういうふうにできたんですか」

そして「父親は」「妹は」と家族間の関係性の質問を用い、相互作用として例外の部分の拡大を図り解決に近づけます。そしてお互いに現実的で実行可能な課題を考えます。

長くなりますので、ここでいったん電話を切り、お互いにこれまでの電話相談内容を振り返ったり、これから何をしたらいいかという課題や言い足りなかったことを考えます。そうすると、吹っ切れたように、

「子どもが可愛いと思える瞬間を一つ一つ見つけてみます」

と明るい返事が返ってきました。

私はこのように、短期療法（ブリーフセラピー）という解決志向アプローチに興味を持ち、研修に出かけて学んだりしてきました。

この手法には、生活のなかでこの言葉を使うと心に有効に響いて、心のうちをお互いに見つめることができるという不思議な力のある言葉があります。この言

葉のやりとりができるので、心が明日へ開かれる気がします。日本語が深い意味合いを持って生かされるので、会話を通して心を見つめる機会が少なくなってきている今の中学生にも、保健室のような短い限られた時間にしか会えない生徒たちにも有効です。子どもたちも、保健室に、「何か話して、聞いて」という具合に何かを期待してきます。みんな心が軽くなりたいのは同じです。

話を虐待相談に戻しますと、育児は、本能でなく学習で体得するもので、社会の支えが必要です。新しいこの時代に生きる女性たちの生活に即した母性の構築が急がれています。私の目の前にいるこの中学生が、母親になる頃には、虐待相談がピークを過ぎ、昔話やたとえ話になるようになることを望む次第です。

児童相談所の電話相談で早急な介入が必要と判断したときは、何とか子どもを特定できる情報を引き出し、ケースワーカーに引き継いだり、相談者の同意を得て、面接相談を勧めていました。また、落ち込みの激しい母親には心がストレスで疲れていることを話したり、心理的なケアが必要な児童・生徒にも、それぞれ精神科での専門的な心理・精神療法を勧めていました。カウンセリングやデイケアが非常に有効でした。

そのとき、虐待解決援助方法として大切なのは、子どもとか親に分けて介入するのではなく、家族そのものに焦点を当てる児童福祉の専門的サービスが必要と思っていました。現在は虐待を受けている子どもたちを助ける最善の方法は、その家族単位を強化することだという意識が強まってきました。

つまり、子どもと両親との情緒的な絆の重要性に認識が復活したのです。インスー・キム・バーグさん（解決志向アプローチの開発者の一人）によると、虐待に対してアメリカでは、これを、FBS（ファミリーベストサービス）といって、虐待母子のための在宅治療や生活訓練長期入所施設が設置されているとのことです。それは家族療法の分野で発展した基本的な知識や技術を応用して、通常限定された期間内に集中的に一つの単位として家族を綿密に評価し治療するものです。

電話相談のスーパーバイザーである小児科医は「子どもの虐待を児童相談所に相談できるよい時代が来た」と言われました。この原稿を書いていたその日も被虐待児一時保護依頼の電話相談を受けました。悩みのある方はぜひ、早めに電話相談をされたらと思います。秘密は守られます。

その頃「解決志向アプローチ」を開発された一人のインスー・キム・バーグさんのワークショップ（訓練研修）が開催されました。そのワークショップに参加して、虐待カウンセリングに関して私なりに発見したことが二つありました。

その一つは主訴（たとえば子どもに暴力を振るう）の相談者の話の肯定的な部分にだけ共感していくと、主訴が薄れて未来に焦点を当て介入がしやすくなるということです。

「聞き分けがない。育てにくい。なつかない。反抗ばかりする。勉強ができない」。これらのことが虐待の悪循環を形成しているので、「育児、しつけ、学業相談」に話をすり替えると、言葉での介入がしやすくなります。虐待解決の援助を進めるとき、親と感情で敵対しないためにも大切なことです。

二つ目は「虐待は難しい問題になればなるほど共感が大切である」ということです。インスーさんの「難しい問題ですねぇ」と相談者をそのまま受け止め、一緒に深く悩む姿が非常に印象的でした。

子どもを虐待する親は共感性の低さと自己イメージの低さが示唆されています。共感能力の低さが虐待に繫がっているとするならば、共感性の発達次第で子どもへの攻撃性を抑制できるかもしれないとも考えました。

「ねんねこしゃっしゃりませ　寝た子のかわいさ　ねんころろん」と子守歌を歌ってあげたら、胸中と一致したのか、受話器の向こうですすり泣く声がしました。この虐待相談をされた母親は、継母としての悩みを長いことされてきた方でした。いけないと思いながらも、愛着反応を示さない次男に、せっかん以外には、しつける方法がないという訴えをいつもしてくる人でした。悩みを受け止めながら、私の母がいつも言っていた言葉を、伝えましたら、「気持ちが軽くなり、家事が進むようになりました。今夜は次男の好物の大きなハンバーグを作りました」とお礼の電話がありました。その母の口癖とは、「子どもはいつまでも子どもじゃない。すぐに大きくなって、今度は親を助けるときがきっと来る。子どもでいるうちに精一杯愛情を注ぎなさい。出し惜しみしてはいけない。今、育っているときだって、親を成長させるという恩返しをいっぱいしているはず」というものでした。

ワークショップでのインスーさんの口癖は「人生はそんなによくもないが悪くもない。何か問題を抱えながら何とかやっていけるものだ」でした。中庸の知恵ともいうべき哲学の知恵でしょうか。完全でなくていいということだと思います。

また、虐待相談にはミラクルクエスチョン（奇跡の質問）が大変有効でした。これは今夜寝ているうちに奇跡が起きてこの悩みが、全部なくなったとしたら、どう変わっているでしょうか、というものです。

ある相談者はミラクル後のイメージを「彼はスポーツが得意なので、いろいろ活躍して私たちを喜ばせてくれるでしょう」でした。その四年後、ミラクルどおり、スポーツ少年団や運動会で大活躍して、その父親（継父）の自慢の息子となっていました。

このように虐待相談のほとんどは、相談者を責めずに根気よく話を聞き、子育ての悩みを打ち明けられたり、話し合ったりするうちに、子育てのストレスが軽減され、言葉や暴力の攻撃性が多少なりとも弱まっていくものです。

そこで、親の意思がどうであれ、子どもの心身の発達に有害な行為は虐待にあたることを初めて話して、役に立つ助言をいたします。子どもを虐待することは、心がストレスで疲れて余裕のないときに起こりやすいものです。私には虐待なんて関係ないと身構えず、正しい知識を持ち、みんなで予防したいものです。

一方、学校の保健室でも、親の虐待かなと思われる生徒に出会うことがあります。朝遅刻して登校してきた三年生の女子生徒がうつむきかげんに廊下を歩いていましたので、話しかけてみると、目の下や頬にあざが生々しくできていましたので聞いてみましたら、明らかにだれかをかばうように、家で壁にぶっつけたとうつむいたまま答えてくれました。患部を冷やして様子を見て、女子生徒が授業を頑張ると言い、保健室を後にしたところに、一年生の弟が、姉が保健室に来たのではと察して訪れました。姉は、父親から昨夜タバコを買いにいくように言われたが、口答えして行かなかったので、殴られたと話してくれました。いつも夕バコを買い置きして、用意をしていないと、深夜買いにやったり、殴られたりするとのことでした。母親は家を去られて、父親と三人で暮らしていましたが、姉だけには、家の事をしていないと父親が暴力的になるとのことでした。大きくなるにつれて、だんだんといなくなった母親に姉が似てくるので、顔を見ると、以前母親にしていたように父親が振舞うとのことでした。すぐに本人の了解を得て、担任の先生に相談して、学年や管理職の先生も交えて父親に打診して、家庭の悩みを打ち明け合いました。また地区の児童民生委員の方の助言や祖母の援助を受けながら、進路等を話し合い解決して、望む高校へ入学いたしました。解決できたのも、話を進路相談にすり替えたので、父親の協力が得やすくなったためでした。この家庭は他に家族それぞれいろいろな悩みを抱えていましたが、なんとかやっておられるようです。

そして、このようなこともありました。茶色のロングヘアに、ミニスカート、上着は胸をはだけて着て、ピアスもしていて、少し目立ちますが、ときどき遅刻する以外はどこにでもいそうな少女が、

「何となくみんなと違う格好をするのは、みんなと私が違うから」
と、継父に関する悩みを手紙に書いて届けてくれました。清掃時に箒で級友を追いかけ回して何回も叩くのは、家でいつもそうされているからと、訴える子どもがいたりと、折に触れて発見があります。

ただ、最近、気になることがあります。この不景気のご時世だからでしょうか、学校での集金の際、集まりがよくなくて、先生方が困っておられる場面がよくあります。給食費や修学旅行、遠足などの行事のときが多いのですが、そんなに経済的に困っておられない家庭でも、なかなか子どもに持たせてくださらなくて、複雑な思いにかられておられる先生方を見るときがあります。とても気持ちのよい生徒が、来室して、そのことを気にしている姿を見ると、やはりこのように、楽しい学校に住みづらくするのも、虐待の一つの形かもしれないとつくづく思います。

私の小学生時代に、給食費が払えなくて、その時間は校庭の水道の水を飲んでいた人がいたのを、トラウマのように記憶しているからです。その人のお父さんは、いつもあびるように、焼酎を飲んでいました。

今はこのようなことはありませんが、学校は、生徒みんなが、気持ちよく暮らせるところで、行事にもためらいなく参加できるように、大人みんなで、一番弱い立場にいる子どものことが、一番と心に誓いたいものです。

このようにいろいろと大なり小なりの虐待を保健室で見つけますが、人の間で起こったことは、人の間の知恵でなんとかなるもので、協力してくださる方（資源）が見つかるまで、周りの大人がこの子どもの、二度とない子ども時代を、幸せに送れるように助けてあげることだと思います。子どもはいつまでも子どもじゃないのです。

親思う心

――子どもだって親のことを心配している――

幕末、吉田松陰の辞世の句に、「親思う心に勝る親心云々」とありますが、親のことが心配で、それがきっかけで、心が不安定になり、落ち着いて勉強ができなくなって、心身症や不登校などの現象が現れてくることはよくあります。

以前、私は、基地の町の学校に勤務していました。修学旅行二日目の朝、朝食の時間に大広間に集合していた子どもたちに、校長先生が話をされたときのことです。校長先生が挨拶をされて、開口一番「悲しいお知らせがあります……」とおっしゃった途端、五、六人の生徒が音もなくスーと立ち上がったのです。ただ一言話された瞬間に頭の上に蜘蛛の糸がついてスーとだれかの力で持ち上げられたように、フッと緊張した面もちで立ちすくんだのです。

その頃は航空自衛隊機の遭難が相次いで発生しており、尊い人命が失われたとの報道を数々聞いていたので敏感になっていたのでしょう。修学旅行という、人生で一番楽しい思い出ができるそのときに、親の安否を気遣い無意識に立ち上がって校長先生を見つめ、確かめるその姿は愛しくけなげでした。危険な仕事につかれている父親を思う子どものいることは、本当に胸を打たれました。改めてあの子の父親はパイロットだったのだ、そしてこの子の父親もと、案ずる表情を見て熱いものがこみ上げてきました。

旅行から帰って、ちょうど我が家の隣が基地指令官のお宅でしたので、このことをお話ししましたら、基地の自衛官全員にお話しするとのことでした。それからというもの、事故のニュースは聞かなくなりました。

このご時世、海外派遣の自衛隊の皆様が無事に任務を終えられて帰国されますことをお祈りするばかりです。

食生活からみえる子どものこころと体と頭

――ごぼうのにおいのわかる子に――

子どもの健康を思うとき、まず、食生活に目を向けることでしょう。どのような食材をいつ、どこで、だれと、どのように食べさせたらいいのでしょうか。

私が郊外の開拓農業の町の中学校に勤務していたときのことでした。部活動と家の手伝いの両立に悩んでいた小柄な男子生徒がいました。相談の内容は体が小さいので、いくら頑張ってもバスケットボールのレギュラー選手にはなれない。それなら早く帰って家の手伝いをしたほうがましだと母親から言われたとのことでした。以前の中学生はまだ純朴で家の手伝いや兄弟姉妹の世話、親孝行という思いを素直に心のどこかに持っていました。スポーツは心も体も大きくするし、そのエネルギーで休日には家の手伝いをすればば感謝されほめられて自信もつき、またその自信が部活動にも繋がるので一石二鳥であると、両立をすすめるアドバイスをしました。

悩みが吹っ切れて両立できた生活を送っていたある日、彼が自分の背丈ほどもある立派なごぼうをいっぱい抱えて放課後の保健室にやって来ました。未だ湿った黒土が付いていて、掘り立てそのもののごぼうでした。やがて私の親衛隊保健委員がドヤドヤと集まり、さっそく先生方に小分けする作業を始めてくれました。そして、さらに夕方忙しい女性の先生方には皮をむいて差し上げるという段取りになり、新聞紙の上でその作業が新たに始まりましたら、すぐに保健室中ごぼうのにおいが充満しました。

二年生の男子生徒の一人が「ウェー、ごんぼのにおい」と吐き捨てるように言って保健室に入ってきました。今度は、ニコニコしてやはり二年生の女生徒が「ウワアー、ごぼうのにおい」と言って来室しました。そして、ごぼうのにおいのするときは祖母と母がおすし（いなかずし）やお煮しめ（煮付け）を作ってくれるごちそうのある日なのでうれしいにおいと話してくれたのです。

ごぼうは和風料理の食材の代表的なものです。鉄分が豊富で、漢方の作用もあるそうです。だから、あまり灰汁を抜かないほうがよいとか言われます。

私はわが子に、ごぼうやにんじん、だいこん、れんこん、かぶなど土の中で育ったものは、しっかりと根を張るようにじっと頑張ったものなので、食べると元気と根気が出ることを幼いときから教えていました。成績が伸びないときは、『花も咲かない冬の日は、下へ下へと根をおろせ』と根菜類のお煮しめを弁当の片隅に祈るように入れてあげたものです。涙とともにお弁当を食べた日もあったことでしょう。人は孤軍奮闘後、ふと人の優しさに触れて口にものを頬ばったとき、頑張って張り詰めていた気持ちがつい緩んで涙が留めどなく出てくるときがあります。

映画『千と千尋の神隠し』で千尋がおにぎりを頬張って涙した場面が印象的でした。西洋のことわざで『涙とともにパンを食べた者でないと本当の人生の味はわからない』というのがあります。まさにそのとおりと思います。

大事なことを申し遅れましたがごぼうのにおいに不快感を示した生徒の家庭は実母、継母ともに家を去られ、残された父親と弟との三人家族の生徒でした。家庭料理とはほど遠い生活をしていたのかもしれません。次の日、炊き込みごはんにしておにぎりを食べさせたらおいしそうに食べてくれました。ごぼうを使った愛ある手料理が最近食べられず、反発してイヤなにおいと言ったのでしょう。本当は母を慕う懐かしいにおいだったのかもしれません。このように、ごぼうひとつの食材をとってみても子どもの心と体が見えるものです。

あれから、三十年ほど過ぎました。今、東京で公立中学校の養護教諭をしています。児童相談所や小児精神科を経て再び勤務する都会の中学校は驚きと感動の毎日です。

先日、街角のファーストフード店できんぴらごぼうがサンドしてあるライスバーガーを見つけました。そのおいしかったこと。今はこのようにおしゃれにごぼうをいただくのだと感心しました。学校の栄養士の先生にうかがいましたら、今の生徒たちはけっこう素朴な料理が好きで、きんぴらごぼうの日はよく食べてくれて残菜が少ないとのことでした。親御さんが忙しさやリッチな生活で忘れていた味や食材もちゃんと子どもは学校で味わっているようです。

鉄分や食物繊維の豊富なごぼうを子育ちの食材として活かしたいものです。きっと元気で根気強い思慮深い子どもに育つことでしょう。

未来志向の相談、易経カウンセリング

カウンセリングにはよく沈黙の場面があります。

クライエント（相談する人）は多かれ少なかれ自信がなく不安気味ですので、カウンセラーはその点を十分わきまえて聞かなければなりません。沈黙が起こっている間はお互いに何を感じ、考えたりしているかがわかりません。ただ、沈黙が破れたときに発せられた言葉を手がかりに、クライエントの今までの心のうちで起こっている状況を感じ取ることができます。

そういう意味で、沈黙後の第一声は非常に大切です。長い沈黙の後の「子どもは、運が悪いんでしょうか」「運を開いてやる方法はないものでしょうか」「宿命みたいなものかもしれないんですが」、運を開くとか、開運という何か東洋的な言葉にハッとするときがあります。このようにクライエントから学んだ体験で、最近「東洋」という言葉を日常、特にカウンセリング場面で意識するようになった

のです。

また、自信を喪失した状態のなかで、絶えず活動して自信を持つことや悪い人間関係の中で潰れず、自分の責任として、正々堂々と生きていくことを可能にすることも、カウンセラーの役割の一つじゃないかと思うようになりました。

そんな折、「東洋思想とカウンセリング」を学ぶ好機を得ました。「易経」とカウンセリングを体験した瞬間、わが意を得たとばかり感動が体中を走りました。「易経」は世界の古典のなかでも最も重要な書物の一つで、本文と解説から成り立っています。本文は「経」と呼ばれ、解説部分は「伝」と呼ばれます。この「易経」の解説部分を作り上げたのが、有名な孔子だと伝えられています。易は占筮《せんぜい》の書でありますが、ただ単にそれにとどまっていません。易は「万学の祖」であります。コンピューターの二進法も、生命科学のＤＮＡも、東洋思想の易学から導かれたと言われます。

精神分析学のユングも学んだと言われます易経。易の効用は真相を指し示し、運命を打開する努力を促し、行動を成功へと導くことです。そして英知で道理を明らかにします。そこで易を用いることによって志を遂げさせ、事業を成就し、疑いに断を下すのです。易の言葉は人生の指針でもあります。

人は、深くかつ正確に自分を理解してくれる人とともにいる場面では、自由に邪魔されることなく自分の内面探索を遂行することができます。つまり、現在の人生や将来やってくるままの人生を受け入れることができるのです。

無心で筮竹を通して自分を見つめ、本掛之掛《ほんかしか》と近未来のなりたい自分を見つけ、易経の言葉のヒントの意味を広げていく作業は、未来志向のカウンセリングそのものです。

私はこの研修会で初めて筮竹を手に取り、指導を受けながら将来の自分を占ってみました。不思議なもので、全身に緊張感が走り、自分のなりたい将来を再確認し実現したい夢をはっきりと描くことのできた感動を今も鮮明に覚えています。そのときの易は、艱難汝を玉にすというのでした。これを私なりに苦労や辛いことは、身となり、力となって将来に役に立ち報われ、時が来れば、玉と輝くでしょうと解釈して、私にはもったいない言葉で、今日まで心でひたすら温めています。

易経に出てくる言葉は不思議に心の中に、大事にしておきたいと思うもので、将来に明るい見通しが作れるように努力するものです。易経は占いの書というより、本来は人生に指針を与えてくれる人生哲学の書と思います。果たして輝くときがくるのでしょうか。

保健室に来室する生徒たちも占いは大好きです。朝のテレビの星座占いをそのまま信じて、うきうきしている生徒もいれば、ラッキーカラーのハンカチを得意げに身につけている生徒もいてお昼休みは話に花が咲きます。そこで私なりのアドバイスを一つチクリ、毎日毎日人生何が起こるとも限らないので、今日、運勢の一番悪い人のアドバイスの、ラッキーポイントを肝に銘じておくと、いい中学生になると思うのだけど……。シーンとなります。

養護教諭まず自分の心と体を元気に

若いとき、養護教諭ほど哀れで因果な仕事はないと思った経験は数限りなくあります。福沢諭吉翁の『学問のススメ』に「天は人の上に人を作らず、人の下に人を作らず云々」とありますが、現実はそうではありませんでした。養護教諭部会での執務上の諸問題の議題では、まさにそれの各学校からの報告ばかりでした。養護教諭と正式名で呼ばれず、ヨーキョー、とかヨーキョウさんと呼ばれるという先生もおられました。

差別の辛さや慢性的な孤独感、悲しい体験はたくさんありますが、なかでも鮮明にトラウマとなって思い出すのが、朝一番の挨拶です。私は、毎朝早めに職場に着くようにしていました。一日がゆとりを持ってスタートできるので「早起きは三文の徳」を地で行く生活をしていました。それは今も変わりません。朝早いと道路も空いていて快適で、また学校の情報も早く得られるし、対応も早くできます。また、兼務校の場合は、他の学校に勤務していた日に、この学校で何が起こっていたかわからないので早く情報を共有したいと思っていたから特に早く出かけました。朝の挨拶は気持ちよくて、やる気が出てくるものです。

でもその挨拶で、朝から落ち込むこともあります。挨拶をしても返礼がないこともあります。もちろん声を出して聞こえるように挨拶しますが、会話中や執務中は気を遣いながら小さな声で、また黙礼だけのときもありました。私が若い養護教諭だから仕方がないと思っていても、後からいらした他の若い先生方にはきちんと挨拶されて、ちょうど私のときだけ返礼がなくて落ち込んでいました。その返礼だけで落ち込むのではなくて、私は上の立場の先生から返礼されない先生なのだと他の若い先生やそこにいた生徒、ＰＴＡの親御さんたちにそう思われるのが恥ずかしかったのです。そのときは、ご家庭で不機嫌になられるようなことがあったのかしら、と思いなんとか思い直していました。事実、その方も職場の人間関係でいつしか癒されて、お昼前には上機嫌になられ、朝の挨拶時の面影は一つもなくなる方もおられました。

イヤな気持ちでしたので、何でも話せる栄養士の先生に相談いたしましたら、あの先生は直接授業に関係ない人には挨拶されない方だから割り切りなさいと言われました。内心ホッとしました。返礼されないのは、恥ずかしかったし、それに昨日の生徒の処置でクレームがあったのかしら、保健室の戸締りが十分でなかったのかしら、何かミスしているのかしらと思い巡らす毎朝ですと、心はもちろん胃腸の調子までも悪くなり、一日のスタートから歯車がうまく回らなかったのです。それを聞いて安心しましたが、生徒のなかには保健室と給食があるから登校してくるような生徒も多いし、本当に保健室と給食室は毎日一生懸命お世話しているのにと思うと、理解されていないことに悲しくなったものでした。

それでも、私は朝から気まずい思いで落ち込んでもしようがないので、車から降りて職員室に着くまで自分で心に免疫力として準備するお呪《まじな》いのようなことをして、声に出して歩くようにしました。「今日も的中、今日も的中」と二拍子で歩くようにしました。返礼がないときに落ち込まず、的中と心の中で喜ぶ練習です。そうして職員室に入るなり元気よく挨拶をしましたが、やっぱり返礼がなかったので、その朝も心で的中と叫んで喜びました。このような思いをする自分が多少情けなくなりましたが、これも癒しとしばらく続けました。

ある朝、返礼がありましたので不思議に思うと、栄養士の先生が返礼のあるまで挨拶を何回も顔を覗くようにされた後でしたので、はずみで、私にも返された感じでした。「実るほど頭の下がる云々」とありますが、実ったら頭を下げて視野を狭くして、お世話になる人だけに挨拶するという意味でしたのでしょうか。

ところで、気持ちは共有できるものでしょうか、その先生の娘さんが養護教諭の養成課程の大学へ進まれてからは、返礼どころか自分のほうから挨拶をされるようになりました。世の中はよくしたもので、神様仏様はちゃんと見ていらっしゃると思ったことです。

そのようなことも、心の中や机の中を整理しました折「私は負けない。私はできる。神様は見ている」と書いたメモを保健室の机の上敷きにそっと挟んでおしまいにしましたつもりです。校舎の隅っこで凛として生きようと思ったそのときから、私なりに自分を癒して、常に前向きにチャレンジし続けてきました。今は養護教諭としてここまでできると自信を持ち、肯定的に解決しているつもりでいます。でもまだまだ修業が足りないようです。このようなことは今までの他の職場でもときどきありましたが、再び養護教諭になってみますと、またトラウマとして蘇り、朝の挨拶が気がかりになりはじめたのです。因果なものです。

どんなことがあっても自分の人生や仕事には、イエスと答えなければいけません。

今現在再び養護教諭として学校に帰ってみて思うことは、以前のような冷遇は少なくなり、少しおおげさですが、けっこう学校の中心で活躍する場面が多くなってきていると思います。これからは、養護教諭が中心となり、生徒と先生の心身の健康をうたい上げるときが来ていると思います。心と体を元気に活躍しましょう。

思春期の生と性

（ちょっと真面目な性のお話）

以前勤めていましたある中央児童相談所は、中央福祉センター内に設置されていましたので、若年女性に関する相談も多くありました。この機関は児童相談所をはじめ婦人相談所、福祉事務所、知的障害者更生相談所、婦人寮（「駆け込み寺」的な女性保護施設）という五つの相談施設で構成されており、一つの相談でも内容は複雑に絡み合った問題が山積していることもあります。それを総合的に多くの人が関わって対応して支援していこうという、新しい発想のもとで創設された総合相談機関でしたから、多くの方が見学にみえていました。

北欧では、福祉について「ゆりかごから墓場まで」と言われていますが、ここでは、さまざまな事情で相談に訪れた方、特に若年女性の妊娠・出産の相談に乗り、生まれる前の赤ちゃんから、招魂祭（さまざまな事情で亡くなった人の霊の供養）まで、人の一生のさまざまな相談に心からお世話されていました。相談を通して、現在の最前線の社会をいろいろな角度から見ることができました。

　性の相談を受けるたびに、思春期前に親も子どもも真面目に性について学ぶことは何よりも大切なことだと、その頃痛感していたものです。女性が性の犠牲者にならないためにも、正しい性の教育が今こそ大切であり、そのことの、学校現場での教育が、必要だと思う気持ちは、保健室に養護教諭として戻ってきました今、なおいっそう強くなりました。性のモラルはもちろんのこと、自分自身を大切にすることを教え、悩みに耳を傾けるなど、養護教諭としてだけでなく、将来母親となり子どもを育てるであろう同性の大人として、真剣に取り組む必要があると考えています。

　性の問題からいろいろな人間関係の問題、親子関係の問題に発展して、人間不信やノイローゼなどの心の病気になる人もいました。また、性の問題は、心の深い部分にしみ込んで、トラウマ（ＰＴＳＤ）として残ります。いろいろな境遇の人を見てきただけに、思いやりを持った解決が大切だと思うものです。

他に児童相談所の主な相談は養護相談、健康発育相談、肢体不自由、視力、聴力、言語、重症心身障害、知能遅滞、自閉、盗み、金銭持ち出し、家出、暴力、薬物嗜好、不純異性交遊（当時はこのように表現）、家庭内暴力、性格行動、いじめの問題、友人関係、異性関係、性の問題（性癖等）、登園・登校拒否（不登校）、学業・成績、進路、夜尿、くせ、しつけ、食習慣、対教師関係、親子関係（虐待）、家族関係、夫婦関係、友人関係、姉弟関係、地域関係、近所づきあい、諸福祉制度など子どもが生きていくなかで起こりうるありとあらゆるものでした。性に関する相談は、不純異性交遊（現在は、不健全性的行為という・不特定多数の男女関係、援助交際等）・性の問題（性癖、性器、性徴等）、異性関係（男女交際等）に分けて整理していたほど、内容が複雑な相談が多くありました。

また、児童相談所の相談内容も流行りすたりがあるようで、平成の初めの頃はいじめ・不登校相談が主流でしたが、最近は虐待やひきこもり相談が多くなってきており、内容もだんだんと深刻になってきました。また、知的な能力の遅れと症状の程度がともに軽い注意欠陥多動障害（学習障害を含む）と広汎性発達障害のような軽度発達障害の相談も、多く寄せられるようになってきています。最近は性にまつわる相談も多くなってきており、性の相談が泣き寝入りでなく、公の機関に相談できるよい時代が来たのかもしれないと思っています。

また、精神科では、医師による診察のあと各種心理検査、薬物療法、デイケア、心理療法、カウンセリングが行われており、さまざまな悩みや問題の相談・解決に応じていました。発達行動障害、自閉症、学習障害、いじめ・不登校、非行、精神病（躁うつ病・統合失調症など）、摂食障害、睡眠障害、神経性胃炎、パニック、ヒステリー、不安神経症、心身症、てんかん性障害、児童虐待、思春期特有の悩み（進路・異性・恋愛・出産育児・仕事など）、家庭や学校職場での人間関係の悩みなどが主な相談内容でした。まさに思春期の生と性の相談そのものでした。

私は、一時期、児童相談所に週に三日、精神科に二日勤めていました。

そんな折、全国婦人相談員・心理判定員研究協議会が、開催されました。「若年女性との関わりについて（性意識・生活観・価値観）」の分科会に私は助言者として出席いたしました（実際は私が助言していただいたようなものでしたが）。

問題提起の発表では、「家庭に居場所がなく、安易にボーイフレンドと結びついて、彼の家に転がり込んで生活が始まるが、彼の家族も違和感なく、将来の見通しがないままに彼女を受け入れている。そして妊娠中絶費用を何回も、その家族が出している現実がある」との事例報告や「中学を卒業して進学しなかったり、高校中退でどこにも籍を置いていない少女で、家庭に居場所がない場合、どのように支援するのか」「養育能力の欠けている家庭に育っている少女は、長期の親子確執中に一時の快楽を求め、連日外泊の毎日」「興味や好奇心から電話したことがきっかけで、洋服代や化粧品代など小遣い銭欲しさから援助交際」という十代の安易な性、未熟な性、性の商品化の報告などで、悩みは都市や地方に関係なく、若者の後先を考えない生と性の実態が浮き彫りになりました。

面接相談はもちろんですが、電話相談や家庭訪問など社会生活自立のための支援の実践報告が全国各地から報告されました。

児童相談所には、本人や父母から、ときには祖父母、伯父伯母からの悲痛な声が寄せられていました。相談のなかには、子どものことを相談する親のほうに、むしろ問題があるように思われることもあり、若年女性との関わり方は、とてつもなく困難な問題でありました。しかし、彼女たちの行動は、自信のなさと寂しさと甘えの裏返しでもありました。生活のなかで、空虚感や寂しさを感じている子どもが陥りやすく、なかには性に関する正しい知識もないままに、軽率に性的関係を持ってしまい、だれに相談するではなく、ずるずると寂しさを異性との交遊関係で埋めようとして、そのサイクルから抜け出せない少女の相談は、跡を絶ちませんでした。また、下に弟や妹が生まれたことの寂しさ埋めの少女も何人かいました。

相談員の受容しながらの問題解決では、皆が解決の力を持っていることを信じ、自分が努力し取り組もうと思えるように励ましていました。正しい質問をすれば、正しい答えが返ってきました。「どのようにこれが、あなたに役立っていると考えますか」の質問で、ある少女は現在の自分に気づき、俗に言う「不倫」の悩みから、未来を志向する本来の自分を見つけることができました。この少女は男性との交際で数回妊娠中絶したうえに、アルバイトのお金も相当額その男性に貸していました。母親が姉や妹ばかり可愛がるので、寂しかったと話してくれました。青春期のほとんどの時間を悩みながら迷いながら過ごし、身も心も病んでいましたが、ようやく一人で過ごす時間の辛さにも慣れ、体力も回復して、トリーマーへの夢に向かって歩きはじめました。センスのよい彼女でしたので、きっと、その犬の個性を生かす毛繕いをしてあげていることでしょう。

愛する人の子どもを産み、育てることは人や世代の価値観の違いはあっても女性にとって喜びでもあり、一つの誇りでもあると思います。

でも男性中心の性の神話や避妊や中絶の知識ばかり先行して、その時、その日の快楽に走っている十代の女性が多くなってきているのは事実です。

女性の生き方には、簡単な処方箋があるわけではありません。いろいろな経験が人を強くし、優しくします。若年女性は人生経験も浅く流されやすいものです。相談員は若年女性の生活観、価値観、性意識、出産・子育て観を理解し、後ろに付き添い支援していく必要がありました。だが、規範のずれや価値観の多様化で面食らうことも多くありました。

児童相談所での相談や精神科カウンセリングで感じていたことは、性の悩みが根底にある心の悩みや病気を持っている若年女性の多くは親子関係、特に母子関係が希薄で、発達段階で基本的活力（希望・意志力・目的性・自信・誠実・愛・配慮・英知・道理）や基本的生活習慣やリズムなどの生命力（朝食・早寝早起き・清潔・整理整頓など）のいずれも心の健康と関連を有すると思われる生活の規則性が、自分のものとなっていないということでした。誕生してからこれまで家族の愛情に恵まれず、大切な若年期を迷いや怒濤に流され、苦しんでいたのです。若年期の問題を成人期に移行させないためにも、早期に大人の知恵で解決に導きたいものです。

現在、「情熱よ再び」とばかりにまた中学校の養護教諭として保健室に勤務しています。私の新任の頃に比べると、日本社会は大きく発展し、インターネットなどの発達で情報は溢れて豊かに便利になっています。また久しぶりの学校は学校総合教育や週五日制の導入などでゆとりがみられ、生徒たちも生き生き輝いているように思われます。

二十年ほど前の学校は、早朝も放課後も補修授業があり、ゆとりとはほど遠い学校生活でした。先生も生徒も先進校に、追いつけ追い越せと必死でした。その当時は一〇〇〇人以上の生徒が学校に在籍していましたが、今の五〇〇人ほどの学校のほうがずっと忙しく、仕事を進めていくうえで困難で、手のかかる生徒が多くなったように思います。以前の学校は改まったところ、勉強するところという印象があり、親も子もちゃんと学校に間に合うように、前の日から準備し緊張感ある過ごし方をしていましたが、今の生徒は学校に息抜きに来るようで、先生とも友だち感覚だったり、保健室の私なんか便利屋さんの小母ちゃんみたいで、まさに養護教諭におんぶに、だっこ、まんま、くすり……というところです。

今も保健室は、最近の社会の縮図です。来室する生徒を通して心や環境の問題など、いろいろな社会の現象が見えてきます。保健室に訪れる生徒たちの現状は、現代社会の現象のコピーで、世の殿方に帰宅拒否の現象があるように、生徒にもその現象が見られ学校からなかなか帰らなかったり、校門を出ても近くの公園やコンビニの外で屯したり、留守がちの家に上がり込んで問題行動を起こしています。特に「性」に関することは深刻で、さまざまな逸脱した青春模様が見られます。不健全性的行為、また深刻な問題の援助交際、心にトラウマを残す強姦事件、近親相姦などは、「今の子はこうだから」では済まされない大人社会に責任のある、今の教育に欠けていることが、何かあるように思います。今こそ大人が、何らかの活動を通して頑張るときが来ているように思います。

保健室ではカウンセリングとまではいかなくても、できるだけ来室した生徒や親御さんとは会話することにしています。会話のいいことは、やりとりしていくうちに、自分自身を見つめ考え方が変わっていくことです。保健室はソファーやベッド、衝立など家庭的な雰囲気がありますし、薬品棚や治療に必要な器具、簡単な医学書もあり、病気や生と死、心の癒しなど、何げなく見つめることもできます。また、身近な生徒や親御さんは、カウンセリングなどの西洋的な懺悔文化より、冠婚葬祭の折に、耳にする祝詞や説法の東洋文化に馴染みがあるようで、何げない言葉や引用した名言格言に感動されることがよくあります。もちろんカウンセリングの際カウンセラーは、ここぞと思うところではっきり言ってあげる責務があります。「自分は楽しく可笑しく、人に迷惑をかけていて、気づかないでいる、自由というものをはきちがえている今の世相の世代の親子」には、はっきりこちらの考えを伝えると、反感を抱かれることがあって協力は得られませんが、そうしています。

今、起こっている大変な現実や現象も、浅学非才な私との会話で心が通じ合い、身も心も荒《すさ》んでいることに気づかないでいた生徒自身や親御さんに、現実を見つめていただき、解決したこともあります。このとき話した言葉は「一番身近な人を嫌って避けて楽しく過ごしていても、一番困ったときに助けてくれる人は、一番近くにいて嫌われて避けられている人なのよ」でした。この言葉で、男性に遊ばれている自分に気づき、自分の体を大切に考え、婦人科受診に母と子で出かけてくれました。そのとき「久しぶりにこの子と一緒に出かけました。年の離れた弟が産まれてずっと、この子のことを考えたこともなかったし、話をしたことも最近ありませんでした」と言われたのが今でも耳に残っています。

このように自分を大事に思っている人がいる、大事に思われた経験がある生徒は、気づきや立ち直りが容易にいくことが多いようです。親御さんに電話で連絡するときに「お子さんのことについて、学校で指導するときのことを教えていただけませんか」とお願いしても、「それくらいのことで」とか、子どもを目の前にして「もう、やっちゃったの」と軽くあしらわれる親御さんのお子さんは、なかなか立ち直りにくいものです。心を開いて地で付き合える相手は、生い立ちの似かよった性的な常識や価値観が似ている同性や異性の場合が多く、ずるずるとそのまま、卒業していく生徒もいます。親御さんの真剣さを、その生徒が一番肌で感じているのです。

生徒の性の相談や実態はいろいろです。片思いでいたらデートに誘われたが逢うのはどこがいいかという相談から、彼の部屋でキスしちゃったというのから、近親相姦で人間不信に陥って勉強に手がつかないでいる、妊娠、性病を心配している、また性体験を豪語している男子生徒など実にさまざまです。表面的には、友だちとはしゃいで楽しくしていた女生徒が実は強姦被害で気持ちのやり場をなくし、疲れきっていて、夕方帰り際に、「先生ちょっといい、私この頃変わって見える？」と立ち寄って話してくれたりと、その日一日のうちでも生徒の心の変化とともに情報は変化しています。

性に関する相談や指導は、繊細で微妙なさじ加減が要求されますが、解決できたときは人生を見直し、見つめてあげられた充実感で、嬉しくて安堵いたします。そこまでいくには深夜遅くまで、学級担任の先生、学年主任の先生、学年の先生方、生徒指導の先生方、教頭先生、校長先生と協議や会議の毎日です。先生方の性に関する事例の解決のための協力態勢は素晴らしく、共通理解、共同歩行、複数行動を念頭に、保健室で得た情報に万難を排して、動いてくださいます。

医学的な妊娠・性病相談は学校医の先生を通じて産婦人科医、泌尿器科医の先生と相談したり、強姦的要素がある場合は警察署に被害届をと、多岐にわたり事後措置があり毎日の執務のなかでの問題解決とはいえ、大変骨が折れます。

これまで、どんなに突っ張って反発し、いじけていた生徒でも、医師の診察を促し納得させ、産婦人科に母親と出かける際は、実に神妙になり保健室を訪れぺコンとお辞儀をして「先生今までいろいろとありがとう、行ってきます」と挨拶にきます。その後ろ姿は、自分を初めて見つめ、納得して歩き出した姿であり、反省に満ちていて愛しくもあります。もちろん診察の結果は受診のたびにまめに報告してくれて、治療が数か月もかかってもその関係は続きます。私は生徒各々の診察日には、夜遅くなっても、学校で待ち続けます。完治できたときの喜びはひとしおで、過去を拭い去り自分が生まれ変わったように報告してくれます。

以前、ある県の「青少年育成国民会議」青少年育成アドバイザー連絡協議会の初代事務局長をしたことがあります。そのときのスローガンがまさに「大人が変われば、子どもも変わる」でした。大人自身が変わり、戦後の教育改革の頃の原点に返り、日本の素晴らしい精神文化や教育への信頼心を呼び起こし、子どもに還元したいものです。

今、保健室で養護教諭として、ささやかな誇りを持って仕事をしています。それは、今までの職場やPTA活動で得た貴重な体験が生かせて、一つ一つの事象を深く洞察することができるようになったからです。このささやかな誇りは、ささやかな自信へと繋がります。生徒の主な訴えの奥にある本当の大事な出来事を発見する人間観察の目が、何となく身についてきているような気がします。

保健室で執務していると、今までいろいろな境遇の人を見てきただけに、「もっと真剣に中学校時代を過ごしてほしい」「もっと自分の体を大切にしてほしい」「もっと性の正しい知識を学び正しい判断力を身につけてほしい」、という思いが強くしてきます。養護教諭は生徒の一生に影響力があると思うと、やりがいのある仕事です。まさに毎日が、成長している青年期の生徒たちとのがっぷり四つの真正面からの戦いです。

この生徒集団や個人に一番フィットする性教育はどのように進めたらいいのでしょう。保健部で、学年で先生方と遅くまで議論します。

学校で行われる性教育は、人間教育そのものでなければいけません。自分の心や体を大切に思うようになる性教育を、人生計画確立の指導と同時にする必要があります。性教育と女性のライフプラン教育は、切っても切り離せないものであり、医療、教育、福祉の分野との連携も大切です。

また、学校と家庭は連携して具体的に、今生徒たちが一番関心のある男女の関わりや男女交際のマナー・嗜みを教養などの予備知識として教えておく必要があると思います。なぜなら望まない性交渉の被害を体験した場所は想像もつかないような、駅や公園・スーパーの公衆トイレだったり、親が留守がちの友だちの家だったり、交際を始めたばかりの彼の部屋のことが多いのです。

私は、出前カウンセリングと称して、よく中学校や高校、大学に性教育に出かけて行っていました。世代間のギャップをなくすために、同年代の女性の助言も録音テープで聞かせていました。保健婦助産婦専門学院生（その頃、講師をしていました）の生きた「生と性のメッセージ」が、女子高校生や大学生の心に響いていました。

「体と命をきちんと科学として知り、女のあなたを大切にして」「世間には性的神話があふれています。女性の性を正しく理解して」「二十一世紀のお母さんへ、心豊かな青春時代の過ごし方」「よい出会い、結婚、健康な母体、感動の出産、楽しい育児」など。

このように新しい性教育は性器教育、セックス教育の枠のなかだけにとらわれず、性病の流行や性犯罪の発生などの性の情報教育、悲しい性体験に終わらない人権問題ととらえる意識付けの教育、ライフプラン教育などを組み入れないと、現在の若者にはフィットしないと思います。

いつの時代でも、親は子を育て、子は親に育てられて成長してきました。その母性愛の灯は、県立看護大学に引き継がれました。講師としての最後の「母子保健」の採点を、今終えたところにこの原稿を書きはじめました。

若年女性の心の癒しには、言葉の介入より、自然の静かな音色が功を奏するときがあります。幼い頃聞いた小川のせせらぎや波の打ち寄せる音に、明日の見えない恋愛に苦しんでいた少女は初めて心を開きました。

十代女性の妊娠や出産は混乱した状況で起こりがちです。そんななかでの育児は、子どもへの虐待を引き起こし、それがまた次世代で繰り返されるという悪循環を断ち切るためにも、今抱えている問題を解決に導くのは大切なことです。

また、若年女性の問題は、多種多様です。問題が複雑で保健、医療、福祉教育などの機関が、単独で解決することは難しく思います。これらの専門機関が連携を取りながら、対応していく必要があると思います。

医療機関の情報も最新のものにしておき、産婦人科や泌尿器科、精神科などの受診を勧め、必要の場合に備えています。

「赤ちゃんだっこ運動」が中高生の体験実習に試みられています。私はいろいろと各地の「赤ちゃんだっこ運動」の報告ビデオを見て感動いたしました。性教育の一環としてこの輪が広がれば、安易な妊娠や人工妊娠中絶に罪の意識が芽生え、命の尊さを認識するに違いないと思います。

割り勘のしつけは心の抵抗力

中学校の保健室で執務していますと、生徒から性の相談を受けることがよくあります。初体験相談や妊娠と性病の相談などです。

中学生で性的な関係に陥ったきっかけは、根底に奢りやお金に関することがあるような気がします。「たくさん奢ってもらったから拒んだら悪いと思った」「抵抗したらいけないと思った」

食事や電車賃、カラオケの料金、プリクラの写真代などを奢ってもらっているうちに、女生徒は、何かお返しをしなければいけない、自分は弱いもの、お金を持たない者、低い者というひけ目や受身の観念をその子なりに身につけ、男性の性欲の処理に気を配り、激しく攻撃的な性衝動に抵抗できなかった関係で始まったことを「なんとなく」「みんな一度経験することだから」「仕方なかった」という表現をしています。

自分の食べた分は自分で払うという割り勘のしつけは、女性の自立の基本のしつけであると同時に、性被害を受けないため、後で後悔する望まない初体験をしないための鉄則と思います。

高くて買えない物は買えるときがくるまで我慢する。親に相談する。家の経済状態を知る。等身の丈ほどの生活をすることを、それとなく教えることは大切なことと思います。

「男性の生理は心理を超える」ことをやはり教えておくべきでしょう。

終わりに　和顔施《わげんせ》

今再び、養護教諭として、保健室に帰ってまいりまして、「和顔愛語」という言葉を大切に生徒の心に灯火をと執務しています。

生徒と一緒に心身の健康について考えている毎日です。

養護教諭の目で、熱く優しくそして厳しく目を凝らして、より教育的に生徒を見つめ考えると生徒を通して何か見えてくるそんな気がします。話しやすい雰囲気を作り、心や体の悩みや苦しみ、変化を無条件で聞いて受け入れ、あるときは叱り、慰め、そして助言指導しようと思っています。

生徒一人一人の日常で過ぎたことよりも今の時点での解決を一緒になって考え、元気の出るアドバイスをし、人間的な方向性を示し与えるように心がけています。

今の学校はよい意味でもそうでない意味でも先生と生徒の垣根がますます低くなってきており、生徒は学校に気楽に登校している傾向にあり、我慢できない子や集団生活ができない子が増え、先生方はあらゆる現象に即対応しなければならないことが多すぎて、忙しくて大変だなあと思っています。朝早くから夜遅くまでよく勤務されているというのが感想です。休日も返上して勤務されていらっしゃる先生もおられます。

また、登校拒否ならぬ帰宅拒否症候群の生徒が多くいることには驚き、いつまでも帰宅しないで校庭や近くの公園で屯しているので学年会単位で先生方が放課後パトロールされる姿もありました。そのようなことが重なり、先生方の事務処理される時間がなくなってきているようです。また保護者といろいろなことで人間関係に悩んでおられる先生方も多く、いろいろなことが交錯していて、教科指導のみならずいろいろなことで気苦労されておられて、このようなことが、どれくらい真剣に親御さんたちに伝わっているのか見当もつきません。何か先生方のご苦労が伝わる方法はないものかと思うくらい多忙でいらっしゃいます。

生徒たちは相変わらず基本的生活習慣が身についていない生徒が多く、遅刻が常習化している子、朝食を食べてない子、怠学傾向の生徒も見られました。冬場午前中に保健室に気分不快を訴えて来室する生徒のほとんどは朝食を食べていない生徒です。俗に言われる餌切れの状態です。

現在の生徒は心と体の成長がアンバランスで、ますます心も体も傷つきやすく弱くなり、親子関係の希薄化による乳幼児期の取り戻し現象でしょうか、幼くて手のかかる生徒が多くなってきています。生徒一人一人を大切にとの応対にほとんどの時間が費やされ、健康診断のような保健的行事が続く春休みから一学期は、私も休日を返上して勤務いたしました。昭和五十年頃に千人以上の生徒のいる中学校に勤務したことがありましたが、現在のその半分の生徒数のほうが大変で手がかかります。

最近の保健室は生徒の青春時代の活動の結果が凝縮して集まるうえに、生徒を取り巻く大人の価値観の多様化が混乱して押し寄せてくる、感動と驚きと落胆と格闘の毎日です。

保健室で見るかぎり問題を持っていない生徒もそういません。これを子どもの生育環境の変化や社会全体のモラルの低下といって片付けずに、身近なことから生徒に関わりながら親御さんや御祖父母さん、また子どもに関わっておられる一般の大人の方に発信して助けていただこうと思ったのが執筆のきっかけです。みんなの知恵で助けようではありませんか。助けるという字は本を目で見て、力を添えるとあります。

今、教育も二極化の時代、親御さんが望まれるのは、将来成功する子どもの極でしょうか、そうでない極でしょうか。子どもをどの極へ仕かけますか。子どもは、親御さんの考え方や家庭教育の仕かけ次第なのです。素晴らしい家庭教育をしておられる親御さんは実践に裏づけされた何がどう転んでもプラス思考で支えるという理論に基づいた、将来成功するであろう道への仕かけを上手にしておられます。

産休育休補助養護教諭の私は専門家的に先頭に立って教育とか医学とか福祉とか言える立場ではありません。ささやかですが、私自身、教育や医学や福祉の現場で子どもに関わる仕事をし、自分の子どもを育てながら総合的に時間はかかりましたが少しずつ、現在の子どもの危機の回避のヒントが（未だ自信はありませんが）わかりかけてきました。

以前私は、児童相談所や精神科で相談員をしていましたので、話し合いですべての物事はわかるようになるものと信じています。中学校時代をこのように過ごしたら、あのとき、相談を受けたあの人のような人生を送る人になるのではないかしら、この生徒の周りの大人はまだそのことに気づいていない、大人の知恵で思いやり、どういうふうに気づかせ、周りの人の協力をあおぐかというふうに、何となくふらりと保健室を訪れる生徒を、人間観察の習慣で見て、主訴の裏に隠れて本人も気づかないでいる心の闇の部分を熾火で温め、聴く耳を持ち、待つことを心がけて執務しています。沈黙の後の一言を聞き、何をしてほしいかわかった瞬間は、まさに養護教諭冥利につきると思います。最近も悲痛のどん底にいた女生徒たちを救うことができました。その生徒たちの感謝の手紙が宝物となりました。

若返りの秘訣に三Kと一日十回の感動が必要とよくいわれます。興味・関心・感動です。生身の生徒に毎日興味・関心・感動を持って体当たりできる養護教諭の仕事は若返りへの近道かもしれません。でも最近は過労が蓄積して少し老けて見えるようになりました。感動の数より落胆の数が多いのが原因かもしれません。最近落ち込んだことの一つに、生徒から携帯電話を盗られたことがあります。これほど社会で万引きが横行していることからして予想はしていましたが、かなり落胆いたしました。気長に名乗り出てくれるのを待つというのが現状です。一日に何回も般若になったり、聖母マリア様になったりする毎日です。ですから私はこれに綺麗と気長を三Kに加えたい心境です。

「母」という字は少し傾いて自信なさそうに見えます。高学歴のお母さんもいらっしゃいますが、こと我が子に関しては、だれも素人で自信がないものです。何人子どもがいても一人一人違うものです。上の子どもの経験が必ずしも下の子どもに生かされるとは限りません。

子育て真っ最中の二十〜三十代の女性は未だ若く一人の未熟な女性たちなのです。まだ自分も遊びたい、自分のことで精一杯という親御さんたちも少なくないようです。何歳になっても「母」という字は傾いて見えるのに（父という字も下の方が払いになっていて、大地にふんばってしっかり根づいているようにも見えませんが）、若い母親に完全な「母」を期待するのは無理があります。母としての自覚を促したり、子育ては本能だけではなく、学習なのだということを知らせ、具体的に子どもの心身の健康を図る教育を家庭に進めることは、未来の親を教育することにも繋がるのです。

私が感じるのは、生徒たちは校舎の片隅に自信なさそうにいる私のことを、母親や祖母？　と重ねて見ているのではないのでしょうか。ときどき、そのように呼んで慌てて言い直す生徒もいます。私も年齢を重ね、いろいろと体験・経験を積んでまいりますと人のお役に立てるためにはどうすればいいかというようなことがかなりわかってまいりました。そんなに意識して支援しなくても、結構役に立っていたのではと後で思ったこともあります。このように、少し自信ができたときに、養護教諭として気をつけなければならないことはハロー効果のことです。保健室に来室した生徒が私にとって好ましい特徴を持っているとよく思い、その逆は好ましく思わない傾向はだれにもありますが、このハロー効果が顕著になると、偏見やえこひいきにもなります。自戒しているところです。

私が木漏れ日から差す薄れ日の下で考え思ったことが読者の皆様のお役に立てたら幸せです。ありがとうございました。機会がありましたら、続きを執筆いたしたいと思います。

著者プロフィール
福岡 しょうこ（ふくおか しょうこ）
宮崎県出身。
公立中学校の養護教諭、児童相談所相談員、精神科カウンセラー、そして現在養護教諭という経験を生かして教育エッセー執筆中。

孫理解！ 子理解!!

2004年8月15日 初版第1刷発行

著 者 福岡 しょうこ
発行者 瓜谷 綱延
発行所 株式会社文芸社
〒160-0022 東京都新宿区新宿1－10－1
電話 03-5369-3060（編集）
03-5369-2299（販売）

印刷所 株式会社ユニックス

ISBN4-8355-7752-3 C0095